毽球裁判工作指南

■审　定　张　军　黄新明
■主　编　龙　明　冯云辉
■副主编　李应斌　毛华春

高等教育出版社·北京

内容简介

本书是毽球裁判工作的工具书，内容包括毽球运动概述、毽球竞赛规则、毽球裁判员的条件与职责、毽球裁判员的哨音与手势、毽球比赛犯规判断、毽球裁判员执裁的艺术、毽球比赛组织管理等。

本书可作为毽球裁判的参考书，也可以作为体育专业学生毽球教学的参考书。

图书在版编目（CIP）数据

毽球裁判工作指南 / 龙明，冯云辉主编. -- 北京：高等教育出版社，2018.8

ISBN 978-7-04-049777-9

Ⅰ. ①毽… Ⅱ. ①龙… ②冯… Ⅲ. ①毽球运动-裁判员-指南 Ⅳ. ①G849.94-62

中国版本图书馆 CIP 数据核字(2018)第 107048 号

Jianqiu Caipan Gongzuo Zhinan

策划编辑 范 峰　责任编辑 易星辛　封面设计 张申申　版式设计 范晓红
插图绘制 于 博　责任校对 张 薇　责任印制 尤 静

出版发行 高等教育出版社
社 址 北京市西城区德外大街 4 号
邮政编码 100120
印 刷 涿州市京南印刷厂
开 本 880 mm×1230 mm 1/32
印 张 6.75
字 数 170 千字
购书热线 010-58581118
咨询电话 400-810-0598
网 址 http://www.hep.edu.cn
http://www.hep.com.cn
网上订购 http://www.hepmall.com.cn
http://www.hepmall.com
http://www.hepmall.cn
版 次 2018 年 8 月第 1 版
印 次 2018 年 8 月第 1 次印刷
定 价 25.00 元

本书如有缺页、倒页、脱页等质量问题，请到所购图书销售部门联系调换

物 料 号 49777-00

主编介绍

龙明，女，1960年3月生于武汉，暨南大学教授，中国大学生体育协会游泳分会专业委员会竞赛委员会副主任，广东省体育艺术联合会游泳协会常委兼外联部主任，毽球国际级裁判；多次担任世界毽球锦标赛的裁判，曾任第十六届亚运会的技术官员，多次担任中国大陆（内地）、台湾、澳门和香港地区毽球锦标赛裁判长，全国毽球锦标赛副裁判长，以及广东省毽球锦标赛裁判长等；承担广东省体育局社会体育中心毽球一级裁判员考试和通级的主讲教授工作。主编教材《毽球运动》。

冯云辉，男，1976年3月生于泰安，广州大学副教授，多年来一直从事毽球教学、训练、竞赛工作；现担任广州大学毽球队教练，多次带队参加国内外毽球比赛，获得世界冠军12项，全国冠军21项，全省冠军30项；作为技术官员参加了在越南举行的第三届亚洲室内运动会毽球项目比赛，并取得优异成绩；先后在国内外期刊公开发表学术论文20余篇，主编、参编著作6部，主持、参与科研项目20余项，多次获得全国科研报告会一、二、三等奖；广州亚运会获得杰出贡献奖。

前言

2008年，由龙明和张军主编的《毽球运动》在高等教育出版社出版后，在毽球界和广大学校中受到了广泛好评。作为毽球运动的资深裁判员，本人多次以裁判长身份参与了许多国内外毽球赛事。在长期担任毽球裁判和赛事组织中发现，随着毽球运动在全世界范围内的快速推广，毽球比赛日益增多，也日趋激烈，在比赛中出现了许多新的问题和变化，对于广大毽球裁判员来说，需要尽快适应这些新的变化。许多裁判员、教练员和学校体育教师都建议我们再次组织有关专家学者，编写一本针对毽球裁判员的指导用书。为此，本人根据十几年的教学训练、比赛实践以及裁判心得，经过近五年的资料收集和近两年的编撰工作，组织编写了《毽球裁判工作指南》一书。

本书有两大特色：一是相关章后面设立了专家解读专栏。邀请国内资深毽球裁判员，对本书的重点、难点内容以及裁判实践中的疑点问题，进行了全面、详尽的解析，以期能够更好地帮助和指导广大毽球裁判员。二是在正文中设立了相关链接。摘引相关内容，作为本书正文的延伸拓展部分。

本书由暨南大学龙明教授和广州大学冯云辉副教授主编，内容上力图新颖、实用，突出实用性、针对性和指导性。本书对于毽球裁判员、毽球教练员及毽球爱好者具有很好的指导性，对于大中小学体育教师组织和执裁毽球比赛具有明确的指导意义，对于推动我国毽球裁判员水平的整体提升、促进我国毽球运动普及与快速发展、提高我国毽球运动水平均具有较大的理论价值和实践价值。

借本书出版之际，特别感谢李春恒老师。编者引申并借鉴了他在“毽球在线”中讲述的一些观点，作为本书的内容。在本书的修改过程中，李春恒老师还多次进行指导，并提出了许多建设性意见。感谢付出辛苦劳动的编写组成员，感谢国内外毽球界裁判员为本书提供了大量数据资料和建议，感谢书中所参考文献和引用文献的原作者。最后，向高等教育出版社体育分社致以诚挚的谢意，正是他们认真严谨、一丝不苟的工作态度，才使本书内容更加完善，并使本书尽快地与广大读者见面。

由于编者水平有限，书中定有疏漏之处或不当之处，恳请广大读者批评指正。

龙　明

2018 年 3 月 10 日

目录

第一章 毽球运动概述

第一节　毽球运动的起源与发展

一、毽球运动的起源

毽球运动起源于什么时候？由何人首创？这早就是体育史学界研究的内容。有一种说法认为，毽“创自轩辕黄帝”。毽当时叫“毱”，不叫毽，是练习武士的一种器具。“毱”在《中华大字典》中解释为“皮毛丸”，它与毽是两种不同的东西。另一种说法认为毽“创自岳武穆，用箭之翎，配以金石之质，抛足而戏，以释军闷”，但这种说法没有可靠的佐证，且“箭”与“毽”又不相同，有待考证。还有一种说法认为，在距今 3 000 多年的殷商时代，有一种祭神时边跳边踢的舞蹈，这被认为是古代蹴鞠的雏形。“蹴”就是用脚踢的意思，“鞠”就是用皮革缝制而成的内充毛发和茅草等物的球体，类似于现代的实心球。到了战国时期，蹴鞠已很盛行。到了汉代，已有蹴毛丸和蹴鞠的区别了。当时蹴鞠须有鞠域，踢法与现代足球相似；蹴毛丸的踢法则与今天的踢毽子相似。1973 年，在我国山东省济宁县喻北屯城南张村一东汉时期的墓葬中，出土了 33 块石画像，其中第二块石画像高 36 厘米，宽 42 厘米，刻画了东汉时期蹴毛丸的精彩场面：图上共有 8 名表演者和 8 枚毛丸，画面中间铺有一块卷云纹等多种图案的椭圆形地毯，表演者身着统一的紧身服装，有的一人持一丸，有的一人持两丸，有的几人共持一丸。他们手舞足蹈，动作灵活，蹴毛丸的动作姿态和现代踢毽子的盘、拐绷、磕、蹦、点踏、正反踢、一边花、两边花、盘盘脚、拐拐脚以及手心、手背、里抱月、外抱月等技术动作基本相似。经专家考证，蹴毛丸图中每个毛丸上部的细线代表一种毛制物品，这和我国近代皮毛毽的制作一脉相承。蹴毛丸图的发现，为研究毽子的起源提供了充分的依据。可以说这是踢毽子的最早雏形，由此证明，今天的踢毽子起源于汉代的蹴毛丸活动。

二、毽球运动在我国的发展

（一）兴起与发展

踢毽子起源于我国汉代，盛行于南北朝、隋、唐。据唐代释道宣《高僧传》记载："沙门慧光，年方十二，在天街井栏上，反踢蹀，一连五百，众人喧竞，异而观之。佛陀因见怪之曰：'此儿进戏有功。'"说的是北魏有个和尚佛陀禅师，在路过洛阳天街时，见慧光可以站在十分危险的井栏上，一连反踢五百个毽子，可见控制毽子落点的技术十分熟练。而佛陀称踢毽子为边戏，亦表明作为一种游戏，踢毽子在当时社会已十分流行。从踢毽子游戏到毽球运动，经历了不同历史时期的发展，到了唐宋时期又有了极大的发展，民间踢毽子活动非常盛行，此时出现了技巧型的踢毽子活动。

另据宋代高承著编撰的《事物纪原》记载："今时小儿以铅锡为钱，装以鸡羽，呼为毽子，三四成群走踢，有里外廉、拖抢、耸膝、突肚、佛顶珠、剪刀、拐子各色，亦蹴鞠之遗事也。"可见当时踢毽子已边走边踢，不光用脚踢，还用膝、腹、头等身体各部位来玩耍毽子。由此可见，当时已形成了毽球的一些基本技术。

到了明清时期，踢毽子已相当普及且流行。这一时期，踢毽子活动得到了快速发展。有关踢毽子的记载也更多了。明代著名的散文学家刘侗在《帝京景物略》中写道："杨柳儿青，放空钟；杨柳儿活，抽陀螺；杨柳儿死，踢毽子。"写的就是儿童喜好在冬季踢毽子。当时还流行这样一首童谣："一个毽儿，踢两半儿，打花鼓儿，绕花线儿，里踢外拐，八仙过海，九十九，一百。"从中可以看出踢毽子在当时的普及程度。潘荣陛在《帝京岁时纪胜》中形容踢毽子"手舞足蹈，不少停息，若首若面，若背若胸，团转相击，随其高下，动合相宜，不致坠落”。可见，当时踢毽子活动很盛行。到了清代，踢毽子不仅是娱乐游戏，而且是一项竞赛活动，踢毽子的技巧已非常高超，许多技巧和难度让人赞叹不已。清代阮葵生所著《茶余客语》一书中这样记载：“它千态万状，高下远近，旋转承接……其中有数家门几百种。”翟景在《通俗篇》中写道：“北京一带民间艺人表演毽子，不论顶、额、口、肩、腹、胸、头都可以代足，一人可以应数敌，自毽子终日绕身不堕。”

清代岭南三大家之一屈大均在其《广东新语》中也记载道：“每年正月十五日，广州有踢毽子会，男女老少云集在五仙观进行比赛。毽子有大小，其踢大者市井人，踢小者毫贵子。”当时，河北承德有“踢毽之乡”的美誉，几乎家家有毽子，人人都会踢。一到新年，人们成群结队上街踢毽子，一时彩蝶纷飞，似闻春讯。那时，根据踢毽子的难易程度和技巧的高低，又另有别称。难度小、技巧低的叫小踢，又叫小式，或称文式和盘踢技巧，适宜妇女、儿童和老人；难度大、技巧高的叫大踢，又叫大式，或称武式和交踢技巧。大踢的花样很多且成套，规格都很严格，不能前后调换着踢，也不能有遗漏。

（二）鼎盛与衰落

到了20世纪30年代，涌现了一批全国闻名的踢毽子能手，如北京的谭俊川、金幼申、溥子衡、林少庵，上海的周柱国、陈鸿泰，河北的杨介人，浙江的谢叔安，河南的路锦城，等等。踢毽技术在普及的基础上得到了提高，各种踢法丰富多彩，高难度翻新的动作层出不穷，不同风格争奇斗胜，使观者眼花缭乱，惊叹不已。我国传统的踢毽运动日趋完善。

1928年12月，上海举办“中华国货展览会”时，举行了我国第一次踢毽子公开比赛，推动了这项民间体育项目的发展。1933年3月26日，在南京举行了第一次全国性的踢毽比赛。据当时的报纸报道："报名参加者颇为踊跃，其中有北京的溥子衡、金幼申，河北的杨介人，此三人对于踢毽子极有经验，能踢之花式均有百余种之多，观者无不赞美。此外，有著名体育家及踢毽能手参加，届时定有一番热闹也。""比赛结果：河北运动员杨介人获普通踢（盘踢）和花样踢第一名；北京运动员溥子衡、金幼申并列普通踢和花样踢第二名，三人所踢花样都有百余种之多，第四名踢的花样有三十种，第五名踢的花样有二十种。"在发奖会上，杨介人、溥子衡、金幼申三人再次进行了表演，还拍了电影纪录片。

在 1933 年 10 月举行的全国体育运动会上，踢毽子同拳术、摔跤、弹弓、剑术等民间运动项目一起进行了比赛。上海运动员周柱国、北京运动员溥子衡和金幼申分别获普通踢的前三名，浙江运动员谢叔安获第四名。上海运动员陈鸿泰获特别踢（交踢，北京称小毽股）第一名，上海运动员周柱国和北京运动员金幼申分别获特别踢的第二、三名，河南运动员路锦城获得第四名。比赛后，北京运动员金幼申、溥子衡二人，还在南京、上海等地的一些大学、中学以及其他单位进行了多场表演，得到了各界人士的好评。

1934 年，中央苏区生活艰苦、条件简陋，但中央教育人民委员会在《俱乐部纲要》中仍然号召"在最荒僻的地方，可以组织踢毽子、放风筝、赛跑和跳远等简单易行的运动竞赛"。此后，鲁迅师范学校组织了跳绳队和毽子队，经常进行表演和比赛。

山东省为提倡、发展踢毽子这一民族传统体育活动，于 1935 年 3 月举行了全省第一届踢毽子比赛。在旧中国第六届全国运动会上，踢毽子也被列为国术比赛项目。

1936 年 7 月，在第十一届柏林奥运会上，江苏女杰翟连源以绝妙的踢毽技艺，使在场的人眼花缭乱、赞叹不绝，为我国人民赢得了荣誉。

1945 年，我国部分城市开始定期举行踢"过河"毽的比赛。规则是将长方形的场地用 1 米宽的“河”分开，甲、乙两队各站在一方形场地开始对踢，若毽未踢过“河”，则失 1 分。每局 10 分，一般采用五局三胜制。1947 年前后，广州出现了“网毽”游戏，它也是毽球运动的雏形。最初流行于三轮车工人和个体摊贩之间，他们利用出车之余和休息时间，在两车之间拉一条绳子代网，绳代替了“河”，扩大了场地范围，也增加了难度，对技术的要求也较高。他们还商定了规则，甲、乙双方各出 2～3 人，隔网对踢，落地失分。这项比赛吸引了众多街头巷尾和过路的群众前来围观，渐渐地，这些群众也饶有兴趣地加入“网毽”运动中来，并逐步向工厂、学校等渗透。在广州来往的华侨较多，他们便把“网毽”运动带到东南亚一些国家。

由于当时的社会背景，踢毽子活动只是自发地在民间流传，没能得到重视和发展，曾一度衰落。

（三）恢复与发展

中华人民共和国成立以后，党和政府对隔网对抗的踢毽活动给予了充分肯定和大力支持，并作为一项体育比赛活动普及和发展起来。在我国京、津、沪及河北承德等地区，踢毽子有着广泛的群众基础，多年来长盛不衰，流传在群众中间，而且随着踢毽水平的不断提高和发展，以个人献技为主的踢毽活动也逐步向双人、三人或多人的方向过渡，这种活动方式既有个人的技艺特点，又渗透了集体的配合，更激起了人们广泛参与的热情。

广东省广州市在网毽游戏的基础上很快制定出《网毽竞赛规则》，并且每年举行一届全市网毽比赛，从而使得网毽运动得到了快速发展，网毽运动技术水平也有了较大提高，并在全国范围掀起了一股“网毽”运动热潮，这为现代毽球运动的诞生奠定了基础。

1950 年，北京市把在街头靠踢毽子糊口的艺人吸收进杂技团，专设了踢毽子节目，并出国进行表演，受到了国外观众的热烈欢迎。

1963 年，踢毽子同跳绳等项目一起被列入国家提倡开展的体育活动。踢毽子还被编入了小学体育教材。

1961 年 6 月，中央新闻电影制片厂拍摄了电影《飞毽》，介绍了踢毽的历史和踢法，推动了这一运动的发展。此后，天津、上海、保定、哈尔滨等地参加踢毽子的人也越来越多。上海电视台也形象地向广大观众推荐踢毽活动，上海《青年报》还组织开展了全市中学生“红花怀”踢毽比赛，历时两个多月。

北方冰城哈尔滨市，参加踢毽子的活动人数逐年增加，全市半数以上中小学学生（35 万余名）参加踢毽子比赛。1982 年，哈尔滨市一三六中学初中三年级女生王丽萍，用时 1 小时 28 分钟，以 5 684 个的优异成绩获得了全市中小学生踢毽子比赛双脚踢（盘踢）的第一名。这个成绩，远远超过了 1933 年 10 月全国体育运动会踢毽第一名（4 986 个）的成绩。

全国各地的踢毽子活动蓬勃兴起，北京、上海、天津、武汉、广州等城市都设有踢毽子比赛，规模之大，场面之壮观，前所未有。国家体育运动委员会（简称“国家体委”）派专家组先后到武汉、广州、天津等地进行毽球运动的考察与试点工作。经过多次研究，1984 年 3 月 3 日，国家体委将以往的网毽活动正式定名为毽球运动，并发布了《关于把毽球列为全国正式比赛项目的决定》，从而使得毽球运动跨入了一个新的发展阶段。1984 年 3 月 7 日，我国第一个毽球规则——《毽球规则试行草案》颁布。

1984 年 3 月 25 日—30 日，在北京举行了全国毽球邀请赛。比赛期间，国家体委举办了毽球学习班。原国家体委主任李梦华在学习班上指出：“在广泛开展群众性体育活动方面，在重视近代体育的同时，要重视民族传统体育项目的推广，也要重视民族传统体育的挖掘、整理和发展。开展具有民族传统的毽球运动，其意义不仅限于毽球本身，而且可带动民族体育的开展。现在推广毽球运动，一开始就将目标定在可以冲出亚洲走向世界……”从此，全国各地掀起了开展毽球运动的热潮。

1984年5月底，广州市体委举办了全国毽球邀请赛，来自15个省、市的23支男女队参加比赛。同年年底，上海成功举办了全国“安学杯”毽球邀请赛。1984年12月，由《湖北教育》编辑部编纂的《毽球运动》一书在全国发行。

1985年4月，国家体委在苏州举办了首届全国毽球锦标赛，来自全国23个省、市的49支男女代表队参加了比赛。1986年，第二届全国毽球锦标赛在辽宁省锦州市举行。为了进一步在全国有组织、有计划地开展毽球运动，国家体委于1987年在重庆举行的第三届全国毽球锦标赛期间，决定成立中国毽球协会筹备委员会。1987年9月，中国毽球协会正式成立。中国毽球协会的成立，标志着我国传统体育项目毽球走上了有组织、有计划、有领导的发展道路，同时，也给毽球运动的发展带来了新的生机与活力，相关的制度、规则、竞赛日趋规范和完善。

1991年，国家体委审定并颁布了第一本《毽球竞赛规则》。此后，又制定了《毽球竞赛裁判法》。毽球竞赛法和裁判法的不断修改和完善，极大地促进了毽球运动的进一步普及和提高。

三、毽球运动在国外的发展

毽球运动虽然源于中国，但目前越南却代表了世界毽球运动的最高水平。约在11世纪，毽球运动由中国传入越南，而越南毽球运动真正兴起始于1975年。毽球运动在民间广泛发展的基础上，逐渐引起越南官方的重视。在沿袭中国毽球规则的基础上，越南对毽球运动的许多方面做了改进或改良：一是将中国运动员主要用内脚弓接球的技术动作改为用正脚背接球，这种技术动作简单、接球面积大、接球点低，在实战中效果显著。二是对毽球鞋进行了改良，由传统的普通运动鞋制作成“鸭嘴”扁平形状的毽球鞋，从而使得在传接球时面积增大，进攻时球速明显提高。这种毽球鞋一直沿用至今，目前各国毽球运动员也基本使用此种毽球鞋，并由布制鞋逐渐发展成为皮质鞋。三是在毽球运动员选材上也进行了大胆创新，把一些优秀的藤球运动员培养成为毽球运动员，藤球运动员具有良好的弹跳和滞空能力，在进攻中采用凌空击球具有显著的优势。在1999年越南河内举行的国际毽球邀请赛和2000年匈牙利举行的第一届世界毽球锦标赛上，越南毽球运动员以娴熟的技术和良好的配合获得男子单打、男子双打和团体冠军。鉴于毽球队的优异成绩，越南成立了国家职业毽球队，常年坚持集训，实施梯队建设，力争将毽球运动发展成为越南的国球。通过越南官方的努力，毽球项目被列为东南亚运动会和亚洲室内运动会的正式比赛项目。越南还派出教练员指导临近的老挝、柬埔寨和泰国等国家的毽球队，这在一定程度上促进了毽球运动的普及与发展。

毽球运动除了在亚洲快速发展外，在欧洲发展也非常迅速，其中匈牙利和德国成绩最好。毽球运动传入欧洲始于1936年，在德国举行的第十一届奥运会上来自中国江苏的毽球队员翟连源进行了现场表演，在空中翻舞的小小毽球引起了欧洲人的热烈欢迎。1961年，中央新闻电影制片厂拍摄的电影《飞键》在国际电影节上获得了金奖，进一步推动了毽球运动在欧洲的传播。随着毽球运动在欧洲各国的发展，欧洲各国的毽球竞技水平逐年提高，在参加的一系列国际比赛中均表现不俗。2003年，欧洲成立了毽球联合会，并组织了每年一届的欧洲毽球冠军杯赛，各国的竞技水平得到进一步提高。

毽球运动在亚欧各国的快速发展，也逐渐引起了美洲和非洲各国的关注。在2005年广东省广州市花都区举行的第四届世界毽球锦标赛上，美国及一些非洲国家都派出观察团进行了现场观摩，并与中国、越南等国家进行了广泛的交流。目前，索马里、塞尔维亚等国已成为国际毽球协会的会员国。

第二节　毽球运动的特点与毽子的种类

一、毽球运动的特点

毽球运动的特点归纳起来有以下几点：

1. 健身性与娱乐性

毽球运动是一项全身运动，踢毽者要在空中完成各种接、落、跳、绕、踢的动作，这就需要做到反应快，时间准，动作灵敏、协调。经常参加这项运动，不仅可使下肢肌肉、韧带富有弹性，关节灵活，而且可使心肺系统得到全面锻炼，起到增进身体健康的作用。毽球运动又是一项隔网对抗性的竞技运动，集竞技性和娱乐性于一身，毽球比赛快速、刺激，极具爆发力，可以展示参赛者的技战术能力、精神、美感和创造力。毽球运动寓游戏于运动之中，富有趣味性，只要合理把握运动量，不但能够达到强身健体的目的，还能享受其中的乐趣。

2. 大众性与普及性

毽球运动技术动作简单易学，毽球活动的开展既不受场地器材的限制，也不受天气的影响，设备简单，四季皆宜，极易推广和普及。毽球可以自制，也可以购买，既经济又实惠。此外，毽球运动也是一项男女老少都适宜的运动。老年人和慢性病患者，可以通过练习不十分激烈的踢毽动作，提高肌肉、关节的活动能力。经常踢毽子，可以舒筋活血、延年益寿。

3. 协同性与集体性

在毽球比赛中，除发球和一次击球过网外，如果没有两人以上的密切配合，是无法发挥个人技术和进行比赛的。因而，毽球运动具有高度的协同性和集体性。

二、毽子的种类

（一）花毽

花毽即我们常见的传统花毽（图 1-1），高度一般在 12 厘米左右，多用火鸡毛或雕翎做毽身，塑料片做底座。因此，看起来更美观一些，踢起来弹性也较好。花毽起落的速度也没有太多限制，踢起来上下翻飞，花样动作全凭自己掌控，没有特别高难度的动作，适合各个年龄段的人参与。

图 1-1　花毽

（二）大毽子

大毽子的毽身多用鹅毛制成，橡胶做底座，高 17~18 厘米（图 1-2）。与传统花毽不同的是，大毽子比较重，技巧性要求相对较高。如果是单人踢，大毽子的动作有 100 多种。在大众健身运动中，大毽子更适合多人一起运动，大家你踢一脚，我踢一脚，力度较大，动作简单，既能锻炼腿部力量，又能提高身体的灵活性。

图 1-2　大毽子

（三）毽球

图 1-3　毽球

毽球跟大毽子很像。毽球是用四根羽毛和橡胶底座制成的，羽毛多为鹅毛，毽球的重量为 13 克左右（图 1-3）。毽球踢起来有隔网，像打羽毛球似的，一边的人踢过网后，另一边的人接住再踢过来。毽球的竞技性较强，可以是一对一比赛，也可以是二对二、三对三的比赛。

随着毽球运动的发展，还有一些毽子踢起来会有音乐，还会发光，这大大增加了踢毽的乐趣。

第三节　毽球运动赛事简介

一、我国毽球运动赛事发展

1984 年，国家体委将毽球列为正式比赛项目，并组织了全国毽球邀请赛。在政府和体育部门的倡导下，毽球运动在北京、湖北、山东、广东、上海、陕西、河南、山西及东北三省等地广泛开展，各地相继组织了各种类型的毽球比赛，越来越多的人参与到这项活动之中。

（一）中国毽球协会的成立

在国家体委的重视与关怀下，1987 年 9 月，在北京成立了中国毽球协会（简称“中国毽协”），组建了中国毽协的领导机构，机构设立了主席、副主席、秘书长、副秘书长等，制定了《中国毽球协会章程》，这成为我国毽球运动发展的纲领性文件，其中明确规定中国毽协是在中华全国体育总会领导下的群众性业余体育团体。中国毽协下设技术、教练、裁判三个委员会，每个委员会下设主任、副主任、委员等职务，定期召开会议，研究部署工作，统筹全国的毽协工作，为推动毽球运动的发展起着领导和组织作用。

（二）中国毽协成立后，我国毽球史上的几次重要会议

1987 年 10 月，国家体委及中国毽协在重庆举行的全国毽球锦标赛期间召开了三次会议。会议将全国各省市、各行业体协为推动我国毽球运动而举办的各种形式的全国性毽球比赛定为全国毽球锦标赛，全国花毽锦标赛，“中华杯赛”（后改为全国职工毽球甲、乙级锦标赛），以及全国大中小学毽球锦标赛。这三次会议的召开，对我国毽球事业的发展起着积极的推动作用，标志着我国毽球运动进入一个新的发展阶段。

1988 年 2 月 3 日—6 日，国家体委、中国毽协在北京召开了技术、教练、裁判三个委员会的筹备组工作会议。三个委员对毽球竞赛规则中部分条款进行研究与讨论，并达成了一致的看法，这对我国毽球运动技术的发展起到了由量到质的深刻变化。既对现代头球进攻技术适当加以限制，又对脚下踢毽动作加以改进和提高，进一步体现了

以踢毽为主的民族体育项目的特点，开拓了新技术领域的“禁区”，促进了技术、战术的深化，使我国毽球运动竞技水平向高、新、难的方向发展，提高了毽球运动的技艺性与观赏性。

1989 年 10 月 2 日，国家体委、中国毽协在上海全国毽球锦标赛期间召开了三个委员会会议。

1990 年 11 月 1 日，国家体委、中国毽协在广州召开了三个委员会会议。会议期间，听取了由科研委员会委托长春市第十一中学关于编写毽球教学大纲、教材情况的汇报。

1991 年 9 月 9 日—12 日，国家体委、中国毽协在长春召开了三个委员会会议，通过了科研委员会《关于建议统一毽球动作名称工作计划》的报告。

1991 年 6 月 24 日，在山西省忻州地区召开了“1991 年全国毽球研讨会”。此次研讨会在“百花齐放，百家争鸣”方针的指引下，研讨了我国毽球运动的历史起源与现状，毽球运动员选材，毽球竞赛规则，毽球技术、战术及我国毽球发展趋势等理论问题，对在技术上向高、新领域发展进行了学术探讨。

1992 年 11 月 2 日—7 日，国家体委、中国毽协在江苏省高邮市召开了三个委员会会议。

1994 年 4 月，中国毽协召开了第三届全体委员会会议，会议对《中国毽球协会章程》进行了修改，增设了新闻委员会、器材委员会和少年委员会，中国毽协的单项委员会由 5 个增加到 7 个。中国毽协组织的比赛除全国毽球锦标赛外，每年还举办一次全国职工毽球赛、全国中学生毽球赛和全国花毽邀请赛，每两年举行一次国际邀请赛。

（三）几次重要的毽球赛事

随着毽球运动的快速发展，毽球比赛影响力逐渐扩大，毽球项目开始陆续被列入许多综合性赛事的正式比赛项目。

1995 年 10 月，在云南昆明举行的第五届全国少数民族传统体育运动会上，毽球被列为正式比赛项目，毽球第一次进入大型综合运动会。

1996 年 11 月，在上海市举行的第五届全国农民运动会上，毽球被列为表演项目，毽球首次进入农运会。

1997 年 11 月，“97 新安晚报杯”国际毽球邀请赛暨全国毽球锦标赛在安徽合肥举行。

1999 年 7 月，中华人民共和国第七届中学生运动会“健力宝杯”毽球比赛在广东省广州市广雅中学举行。这是毽球项目首次作为中华人民共和国中学生运动会正式比赛项目。

2000 年 10 月，中华人民共和国第四届农民运动会毽球比赛在四川绵阳举行，毽球和花毽被列为正式比赛项目。

2007 年 7 月，中华人民共和国第八届大学生运动会在广东省广州市举办，毽球被列为正式比赛项目，花毽被列为表演项目。

2007 年 8 月，全国青少年毽球锦标赛在广东省珠海市举办。

2007 年 10 月，中国澳门“回归杯”毽球团体邀请赛在澳门特区举办。第一次邀请了中国内地（大陆）、澳门、香港、台湾的毽球精英同台竞技、交流球技，增进中国传统体育项目的交流。

2008 年 8 月，第三届粤、港、澳、台毽球埠际赛在我国澳门举办。

2010 年 7 月，“世界经典照明杯”第六届世界毽球锦标赛在广东省中山市小榄镇举办，这也是我国第二次承办世界性的毽球比赛，同时也标志着我国毽球竞技水平迈入毽球强国之列。

2012 年 6 月，“体育彩票杯”全国毽球锦标赛在广东省广州市举办。随着广东省多次举办毽球比赛，毽球运动已逐渐深入到老、中、青、少儿各个层面，深受广东省群众的喜爱，而且广东省各级政府及学校加大力度抓中小学的毽球课外训练，所以尤其是深圳、中山、珠海、广州、韶关等地的社区和学校毽球竞技水平逐年提高，并从中抽取队员组建国家毽球队，代表国家征战世界毽球比赛，获得骄人战绩。

2016 年 7 月，全国青少年（中学生）毽球锦标赛在贵州省惠水县举办。鉴于全国各地陆续开展毽球运动，国家体育总局社会体育指导中心以及中国毽协也有意识地将全国青少年毽球锦标赛放到陕西晋中、上海、四川、郑州、内蒙古、山东等地举办，以此普及和推广毽球运动，发展中国传统体育运动。

从 2015 年 12 月，广州市组织了首届“全国传统毽球比赛（平推）”，第一次将广大市民喜爱的平推毽球纳入到全国正式比赛项目。这也说明毽球运动具有广泛的群众基础，易于普及和推广。

二、国内外主要毽球赛事介绍

1987 年 9 月，中国毽协的成立，标志着毽球运动在我国进入了新的发展阶段。此后，每年一次的全国毽球锦标赛和职工毽球比赛、中小学毽球比赛逐渐形成制度，毽球也开始被列为许多综合性赛事的正式比赛项目。1999 年，国际毽球联合会（简称“国际毽联”）成立。2000 年 7 月，第一届世界毽球锦标赛在匈牙利举行。此后，国际毽联每年都举行一次世界毽球锦标赛，毽球运动逐步走向世界，成为一些世界综合性赛事的正式比赛项目。2009 年 10 月，第三届亚洲室内运动会在越南河内举行，毽球被列为正式比赛项目。在所有毽球赛事中，影响力最大、参与人数最多的是每年一届的全国毽球锦标赛和世界毽球锦标赛。

（一）全国毽球锦标赛

全国毽球锦标赛由国家体育总局社会体育指导中心和中国毽协主

办，是我国毽球竞赛级别最高的赛事，每年举办一届。最近的一届是2017年11月10日—16日在贵州举行的“凌空杯”全国毽球锦标赛。

1. 比赛项目设置

（1）网毽：分为男子三人、女子三人、男子双人、女子双人、男子单人、女子单人和混合双人7个小项。

（2）花毽：分为男子个人规定套路、女子个人规定套路、男子个人自选套路和女子个人自选套路4个小项。

（3）平推毽：分为男子三人、女子三人2个小项。

2. 参赛办法

（1）接受社会公开报名。

（2）网毽比赛每队限报男、女运动员各6人，其中三人赛限报男、女各1队；双人赛限报男、女各1队；混合双人赛限报1队；单人赛限报男、女各1人。

花毽比赛限报男、女运动员各2人。

平推毽比赛限报男、女运动员各4人。

参加网毽比赛的运动员，不得参加平推毽比赛。

3. 比赛办法

（1）比赛执行中国毽协最新审定的《毽球竞赛规则》和《花式毽竞赛规则》。

（2）三人比赛分两个阶段。第一阶段根据参赛队数分组循环，计分方法为胜一场得2分，负一场得1分，弃权为0分，按积分多少排列名次；两队或两队以上积分相等，净胜局多者，名次列前；仍相等，净胜总分多者，名次列前；再相等时，抽签决定名次。小组出线后，进行第二阶段交叉淘汰赛。

（3）双人比赛、单人比赛、混双比赛采取淘汰制。

（4）比赛的分组在赛前技术会上抽签决定。

（5）比赛使用“新健牌”306A毽球、鸡毛毽。花样赛自选套路器材可自备。

（6）比赛使用“朗捷牌”毽球网、柱等。

（7）平推毽比赛要求网高均为 1.50 米；最多三次击球过网；不允许将高于网袋上沿的球击触过网（第一人次第一次击触球除外）；触球时脚不允许高过肩膀；球过网须有明显弧线；发球的击球点不允许高于支撑腿的髋关节；比赛均采取三局两胜制，每局比分 11 分，最高比分 15 分；其余规则参照《毽球竞赛规则》执行。

（二）世界毽球锦标赛

世界毽球锦标赛由国际毽联主办，是世界毽球竞赛级别最高的赛事，每年举办一届。最近的一届是 2017 年 7 月 23 日—27 日在我国香港举行的第九届世界毽球锦标赛。

1. 比赛项目

比赛共设男子单人、女子单人、男子双人、女子双人、男女混双、男子团体和女子团体 7 个项目。

2. 参赛办法

（1）每个国际毽联会员均可报 1 队参赛，并欢迎非国际毽联会员国家和地区参赛。东道主可增派 1 个参赛队。每个参赛队由领队、教练和运动员组成，总人数不超过 10 人。

（2）各队应自带一名裁判员，该裁判员应具备上场执裁的能力。

3. 比赛办法

（1）比赛场地：团体赛、双人赛和单人赛的场地均长 11.88 米、宽 6.10 米。

（2）比赛均采用三局两胜每球得分制，每局 21 分。

（3）若一局出现 20 平，实行轮换发球法，即首先由有发球权的一方发球，无论得分、失分，均由对方发球，以此类推，直至一队领先对方 2 分为获胜。

（4）比赛分两个阶段进行，第一阶段采取分组循环法，第二阶段采取交叉淘汰法。

（5）有效击球次数：男女团体赛为四次击球过网；双人赛为四次击球过网；单人赛为二次击球过网；以上比赛每名队员最多可连续触球两次。

（6）发球：团体赛中，取得发球权的一方应先按顺时针方向轮转一个位置，然后由轮转到1号位的队员发球；双人赛的发球顺序为轮换制。

（7）参加双人赛的运动员检录时予以最后确认，确认后的参赛人员比赛中不得变更和替换。

（8）决胜局中，某队先得10分时双方交换场地。

三、毽球技战术的发展趋势

（一）技术全面，突显特点

毽球比赛发球虽无更多新技术，但各队竞相采用侧抛发球和扫发球的发球方法和策略，以破坏对方的接球，进而破坏其快速进攻战术。在一接方面，由于训练时间和比重的增加以及接球技术的改进，失误率已大大减少，到位率明显增加，因此接球方必须适应各种形式的发球，从而为快攻创造条件。

毽球比赛在扣球方面体现了以下特点：打破了按一定步法、一定方向助跑起跳的限制，采用各种变步、变向的起跳，以适应各种临场情况；打破了专位分工的限制，要求兼备扣快球和打强攻的两手；打破了定位扣球的限制，要求在积极跑动中实现进攻；打破了一点进攻的限制。

在拦网技术方面，发展为前排的活点进攻和后排的纵深进攻。对付强攻时，采用助跑摆臂高跳后充分展髋、伸腿技术；在对付快攻时采用连跳技术；对付换位进攻时，不仅采用人盯人、人盯区域的拦网，有时还采用新型的重叠拦网；对付个人战术和扣球时，强调提高单人拦网的独立作战能力，有时利用身体在空中的移动去阻拦变线扣球，利用身体后仰拦网，力图将球拦起后组织快速反击。

在后排防守方面，强调掌握多种防守技术和不断发展新技术，如跑防、定位防、封堵防、变向防，个人防守技术更注重判断选位及脚型的变化。

（二）高打、快变，互相促进

当前，世界毽坛形成了以快速多变为主体的亚洲型和以高打强攻为主体的欧洲型两种不同的风格。随着国际交流的加强和技战术的发展，这两种风格不断取长补短，逐步缩小了彼此间的差距，趋向于相互融合，结合运用。

有些队根据自己的具体条件在继承发扬原有特长的基础上，学习新的打法，从而形成了自己的独特风格。亚洲型以中国、越南、老挝等国为代表，在继承发展快变打法的前提下，努力提高强攻突破能力。以德国、匈牙利、希腊等为代表的欧洲队，在不断提高强攻水平的同时，积极吸取快攻的打法。

从毽球技术的发展趋势看，单纯依靠高度和力量，或单纯依赖快速和技术，都难以战胜强大的对手。世界强队都从自身条件出发，吸取各国之长，坚持把高度与速度、强攻与快变结合起来，发展自己的独特打法。

（三）身高弹跳不断增长，扣拦对抗更加突出

随着规则的不断修改和技战术的发展，身高已成为当前世界强队必须具备的一个条件。高度因素主要表现在两个方面：身高腿长和弹跳高度。

当前世界各强队都极其重视专项弹跳力的训练与提高，队员高度的增加和进攻能力的加强，加剧了网上扣拦的对抗。当今毽球比赛的胜负，在很大程度上取决于在全面技术基础上的网上争夺能力，扣球和拦网是比赛得分最重要的手段。没有强大的攻势和严密的拦网与防守，单靠后排防守是顶不住进攻，赢不了球的。

（四）进攻战术快又多变

当前，世界毽球进攻战术发展很快，正在向着高度加速度、强攻加快攻、力量加技巧的方向发展，主要表现为：

（1）在积极跑动、交叉掩护和突然变化中实现战术配合，使得对方防守出现判断错误，造成以多打少的有利局面。在这方面，亚洲一些队掌握得比较熟练，在打法上打破主攻和副攻机械分工的格局，主攻和副攻互相掩护进行突破，以加强全面进攻的能力，丰富战术内容，适应各种复杂的情况。在反攻中，不失时机地运用快速多变的战术，在对方补防未定、立足未稳的情况下，实行突袭。

（2）在网的前沿组织高点和远网的进攻，以避开对方的严密拦网。

（3）结合前排掩护，从后排纵深地带发动进攻，组成多种配套的立体战术，以突破对方的严密拦网。

（4）重视在集体战术配合下的个人战术应用，如采用两线分化（直线或斜线扣球），平扣后区，转动脚踝，击身体出界和高点吊球等技巧，以加强突破能力。

（五）防守战术灵活多样

世界强队在加强进攻的同时，都十分注重防守的训练和技术的提高。随着进攻的发展，在防守战术上都注重运用比较灵活多样的形式，采用“一拦二防”“二拦一防”的防守格局。其原则是：根据本队的实际情况和对手的进攻特点，合理地组织防守力量，并从有利于本方组织反攻来部署防守。

中国队根据来球的具体情况，通常采用放大马蹄形防守或缩小马蹄形防守以及运用不拦后撤及内撤等。在当前实力相当的强队比赛中，网上对抗非常激烈，有时为争夺一分，往往要激战很多回合。激烈的争夺，使各项技术大都既能得分，又会失分，从这个意义上讲，毽球比赛具有突出的攻防两重性。因此，毽球比赛对集体的协同合作、对每个队员全面掌握攻防技术、发展个人独特技巧以及培养顽强的作风等方面的要求都非常高。

第二章 毽球竞赛规则

第一节　毽球场地设施与器材

一、场地

（一）场地规格

比赛场地长 11.88 米，宽 6.1 米（图 2-1）。比赛场地地面必须水平的、平坦，而且整个场地要一致。

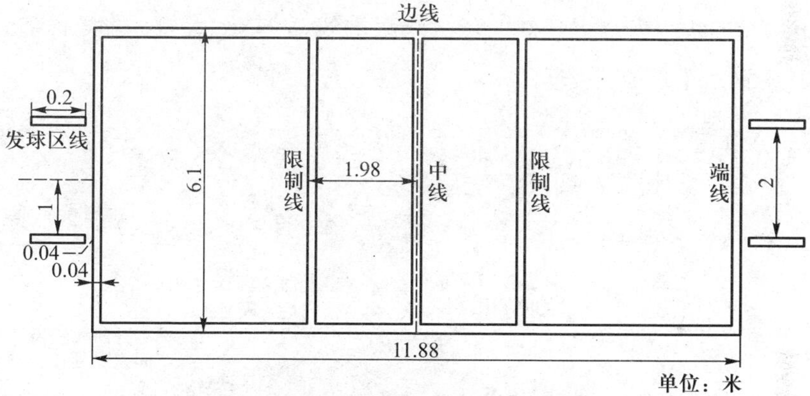

图 2-1　比赛场地示意图

（二）无障碍区

比赛场地上空为无障碍空间，从地面以上至少高 6 米，比赛场区的四周无障碍区至少宽 2 米。

（三）界线

比赛场地应按图 2-1 画出清晰的界线，每条界线宽 0.04 米，界线的宽度包括在场地之内。界线的颜色应与场区、球网的颜色有明显区别。

（1）边线：较长的两条界线为边线。

（2）端线：较短的两条界线为端线。

（3）中线：连接场地两条边线的中点并与端线平行的线为中线，中线将场区分为两个均等的场区。

（4）限制线：在中线两侧各画一条与中线平行的线为限制线。限制线包括在限制区内，中线中点至限制线外沿（远离中线端）的距离为1.98米。限制线的两端是无限延长线的。

（四）发球区线

如图2-1所示，距两端线中点两侧各1米处向场外各画一条长0.2米的线为发球区线。发球区线距端线0.04米，并与端线垂直，发球区线不包括在发球区内。

（五）比赛区域

（1）发球区线向后无限延长的区域为发球区，如图2-2所示。

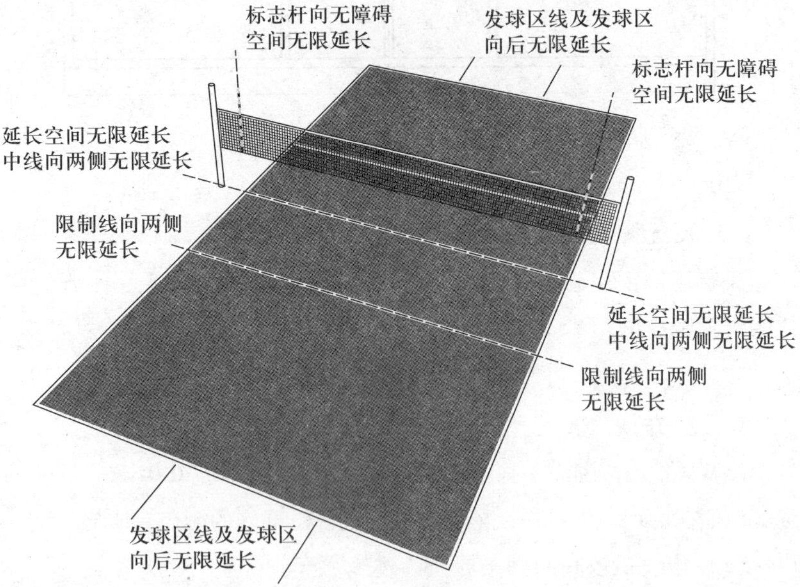

图2-2 发球区示意图

（2）单人赛接发球有效区如图 2-3 阴影部分。

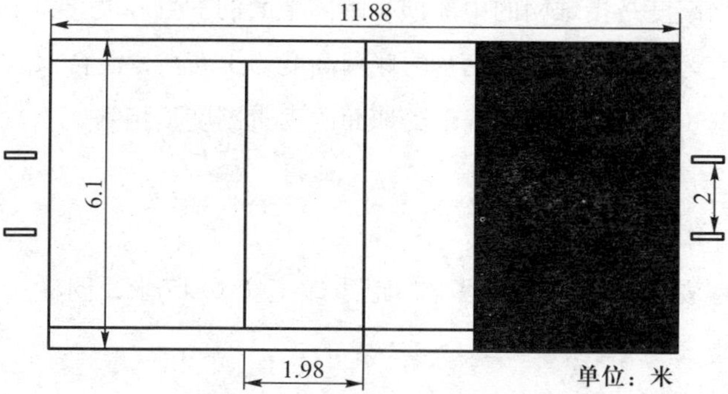

图 2-3　单人赛接发球有效区示意图

（3）限制区：两限制线之间的区域为限制区，是头球进攻、拦击发球和单人赛发球限制区。

（4）换人区：两限制线向场外记录台一侧无障碍区延长线所形成的区域为换人区。

（5）球队席区：在比赛场地两侧无障碍区外设球队席位，供教练员、替补队员和队医候场。

二、球网

（一）球网的规格

球网长 7 米、宽 76 厘米，网孔面积为 2 平方厘米。球网上下沿缝有 4 厘米宽的双层白布，用绳穿起，将球网张挂在网柱上。球网须挂在中线的垂直上空。

（二）球网颜色

球网的颜色为深棕色。

（三）球网高度

球网高度是指球网的中部顶端距离地面的垂直高度，男子比赛的球网高度为 1.6 米，女子比赛的球网高度为 1.5 米，混合双人赛的球网高度为 1.6 米。球网两端距离地面的垂直高度须相等。

（四）网柱高度

网柱安装在中线延长线上，距边线至少 0.45 米，网柱不得存在安全隐患。

（五）标志带

在球网的两端，垂直于边线和中线交接处各系有一条宽 4 厘米、长 76 厘米的白色标志带，标志带是球网的一部分。

（六）标志杆

在标志带外侧系有两根标志杆，标志杆由玻璃纤维或类似的材质制成。标志杆应高出球网上沿 0.44 米，杆上画有 0.1 米长的红白相同的格纹（图 2-4）。两根标志杆分别设置在标志带外沿球网的不同侧面，标志杆在场区外。

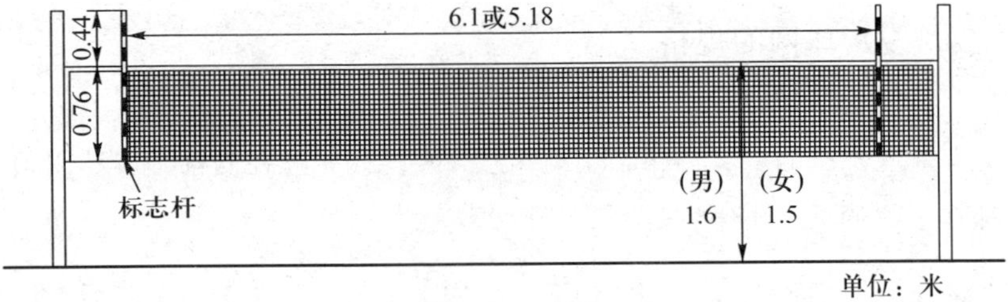

图 2-4　标志杆

三、毽球

（一）毽球尺寸

毽球的高度为13~15厘米，重量为13~15克，毽球由毽毛、毽垫等构成（图2-5）。

图2-5　比赛使用毽球

（二）毽毛

毽毛颜色为桃红色，由鹅翎制成，每支毽毛宽3.2~3.5厘米，4支毽毛成十字形插在毛管内。

（三）毽垫

毽垫由上垫、下垫和毛管构成，由橡胶制成，下垫和毛管连在一起，上垫套在毛管上。上垫和下垫中间套有由数层硬质薄形皮革或者纸质材料制成的垫圈，以保持毽球的弹性。毽垫直径3.8~4厘米，厚1.3~1.5厘米，毛管高2.5厘米。

四、服装

（1）参赛队员应该穿统一的运动服和毽球鞋（或胶底运动鞋）。

（2）场上队员上衣的前后必须有明显的号码，号码颜色必须一致，且与上衣颜色有明显的区别。号码应清晰可见，背后的号码至少高20厘米，胸前的号码至少高10厘米，号码的笔顺宽至少2厘米，同队队员号码不得重复。

（3）比赛服装上可标有队名和赞助商标志，标志面积不得超过

30 厘米^2，并且不得遮盖号码。

（4）队员不得穿戴对本人、他人造成伤害，或者影响裁判员判断的服饰。

第二节　毽球竞赛规则介绍

一、毽球比赛项目

毽球比赛设男子三人赛、女子三人赛、男子双人赛、女子双人赛、男子单人赛、女子单人赛以及男女混合双人赛。

二、比赛得分、局分和计胜方法

（一）比赛得分

毽球比赛采用每球得分制，得分即获发球权。不论发球在何方，胜一球即得 1 分。一方发球失误、接发球失误或出现犯规现象，对方得 1 分。

（二）比赛局分

三人赛按每局 21 分，最高比分为 29 分；其他各项比赛按每局 15 分，最高比分为 21 分。先得 21 分（三人赛）或 15 分（双人赛、单人赛）的队胜一局。当出现 20∶20（三人赛）或 14∶14（双人赛、单人赛）时，一方领先 2 分胜该局。当出现 28∶28（三人赛）或 20∶20（双人赛、单人赛）时，先获得 29 分（三人赛）或 21 分（双人赛、单人赛）的一方胜该局。

（三）一场比赛

一场比赛采用三局两胜制，先胜两局为胜一场；若双方各胜一局，第三局则为决胜局。

三、位置

（一）站位

（1）双方队员必须站在本方场区内。

（2）三人赛中，站在靠近球网的两名队员，从左至右（面对球网）分别为 3 号位队员和 2 号位队员。靠近端线的队员为 1 号位队员。场上队员的位置须与登记的轮转顺序相符。

（3）双人赛中，站在靠近球网的两名队员，从左至右分别为 2 号位队员和 1 号位队员。

（二）发球位置

（1）发球时，所有队员不得有掩护动作。

（2）三人赛发球时，发球区线向场内延长的区域为无队员区。球发出后，双方队员可以在本方场区内任意交换位置。

（3）双人赛时，应由登记在位置表上的 1 号位队员发球，发出的球应落在对方场区内。

（三）三人赛接发球位置

（1）2 号位队员和 3 号位队员至少有一只脚的一部分比 1 号位队员的脚距中线更近。

（2）2 号位队员和 3 号位队员至少有一只脚的一部分比 1 号位队员的双脚距右边线或左边线更近。

四、选择球权与场区

（一）球权及场区的选择方式

比赛前，在正裁判员的组织下，双方队长进行抽签，获胜方优先选择发球权、接发球权或场区。

（二）赛前适应场地

享有发球权的一方先在赛场练习，练习时间为 3 分钟，3 分钟后轮换。允许 6 人在场内使用正式比赛用球练习。

（三）决胜局

决胜局开始前，正裁判员召集双方队长重新选择场区或球权。决胜局比赛中，任何一队先得 10 分（三人赛）或 8 分（双人赛、单人赛）时，两队应交换场区。交换场区时，不得进行场外指导。交换场区后，双方队员的轮转位置不得交换。经记录员和副裁判员查对轮换位置后，由获得发球权方按相应位置发球，继续比赛。如未及时交换场区，一旦裁判员或任何一方发现时，应立即交换场区，比分不变。

五、局间间歇

1. 定义

局间间歇是指一局比赛结束后，下局比赛开始前的间歇。间歇时间为 2 分钟。

2. 规定

局间间歇供两队交换场区、换人，记录员登记号码。双方教练员在不影响上述工作的情况下，可进行指导，双方队员均不得离开比赛场地。

六、三人赛的轮转顺序

（1）每局开始，由获得发球权一方位于1号位的队员发球，如图2-6。

（2）比赛开始后，取得发球权的队，队员须按顺时针方向依次轮转。

（3）新的一局开始前，可变换本队队员的场上位置。

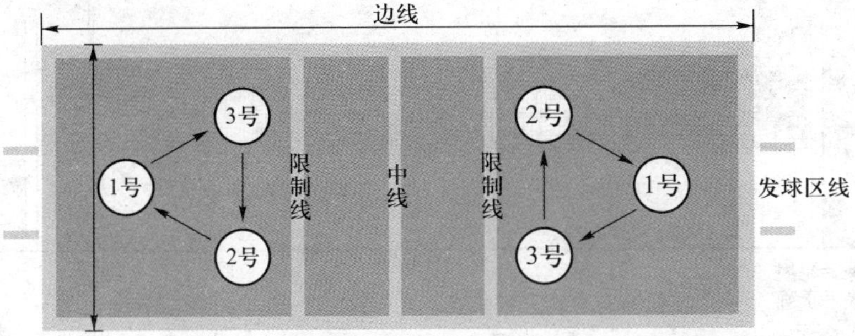

图2-6　三人赛轮转示意图

（4）每局比赛结束前，队员的轮转顺序不得调换（换人产生的变化除外）。

七、球的状态

（一）死球

（1）球触地或犯规、违例。

（2）比赛中技术性犯规和非技术性犯规。

（二）界外球

以下情况为界外球（图 2-7）：

（1）球触及界线以外的场地。

（2）球触及任何障碍物。

（3）球从网下空间进入对方场区。

（4）球触及标志杆或球从标志杆及其延长线以外过网进入对方场区。

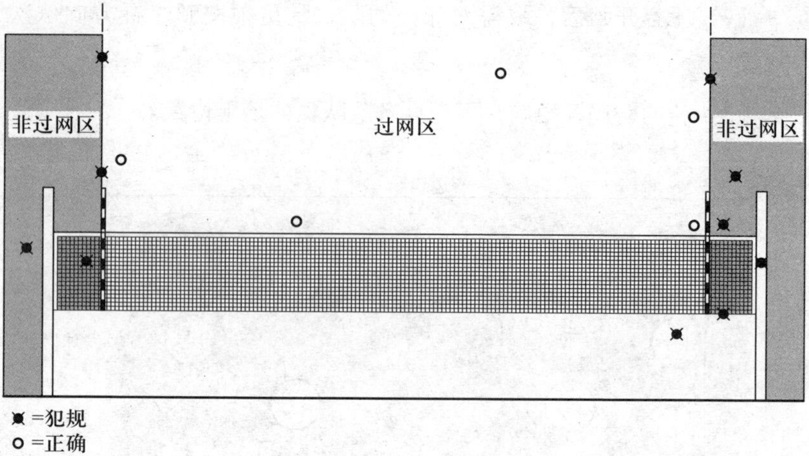

图 2-7 界外球示意图

（三）触网球

在比赛进行中，球触及两标志杆以内的球网并进入对方场区为好球。

八、发球、重新发球与接发球

（一）发球定义

（1）三人赛中，取得发球权的一方须按位置表登记的顺序以顺时针方向轮转，轮转到1号位的队员发球。

（2）在正裁判员做出发球方向手势后，发球队员须在5秒内站在本方发球区内，做好发球准备。

（3）正裁判员鸣哨允许发球后，发球队员须在5秒内将球发出。

（4）三人赛中，发球时发球方场内队员须按位置表上的顺序站位，在发球一瞬间保持静止状态，发球方其余两名非发球队员不得站在发球区线向场内延长的区域内。发球时，同队队员不得有任何掩护动作。球发出后，可自由交换位置。

（二）发球失误

（1）发球队员发球时，踏及端线、发球区域或发球区线延长线，判发球失误并失1分。

（2）球未过网线或者球触及标志杆，判发球失误并失1分。

（3）球从网下穿过，判发球失误并失1分。

（4）球落在界外，判发球失误并失1分。

（5）球从标志杆及其延长线以外区域过网，进入对方场区，判发球失误并失1分。

（6）球触及障碍物，或在进入对方场区前触及本队队员，判发球失误并失1分。

（7）正裁判员做出发球方向手势后，发球队员在5秒内未到发球区，判发球失误并失1分。

（8）正裁判员鸣哨允许发球后，发球队员在5秒内未发球，判发球失误并失1分。

（9）正裁判员鸣哨后球坠落在本方场区或发球区，判发球失误并失1分。

（10）发球掩护，即发球瞬间，发球方队员未按规定位置站位或有意干扰对方视线，判发球失误并失1分。

（11）发球顺序错误，即未按照位置表上登记的发球顺序发球，判发球失误并失1分。

（三）重新发球

（1）比赛进行中，球挂在网上（最后一次击球挂网除外），须重新发球。

（2）比赛进行中，毽毛和毽垫在飞行时脱离，须重新发球。

（3）比赛进行中，他人或物品进入场区，须重新发球。

（4）发球方在裁判员鸣哨之前发球，须重新发球。

（5）如果双方都犯规，须重新发球。

（四）接发球定义

接发球方队员应该按照位置表上的对应号站于比赛场区内，做好接球准备。接发球方在限制区内向发球方完成进攻性击球为拦击发球犯规。

九、击球

（一）击球定义

（1）比赛中队员身体与球的任何接触都视为击球。

（2）三人赛中在将球踢入对方场区前，在本方场区最多只能击球4次。

（3）双人赛中在本方场区最多只能击球3次。

（4）单人赛中在本方场区最多只能击球2次。

（5）不得用手或臂击球（防守方第一次被动触球除外）。

（二）进攻性击球

进攻性击球是指击球方将高于球网的球击入对方场区。

（三）击球犯规

（1）持球：球明显停留在身体某一部位为持球。

（2）连击：同一队员连续击球 2 次以上为连击。

（3）过网击球或随球过网：队员在球网上方的对方场区内击球为过网击球。队员在球网上方的本方场区内击球后的随球动作中，肢体的任何一部分进入对方场区为随球过网。

（4）手球：指接发球方第一次手臂被动触球外的手臂击球。

（5）头球：指进攻队员在限制区内主动用头进攻性击球并进入对方场区（防守队员在限制线内拦网时，头部无意识地触球过网除外）。

（6）拦击发球：指当球高于球网时，接发球方在限制线区域内向发球方完成进攻性击球。

十、暂停

（一）暂停的规定

比赛成死球时，教练员或队长可以向裁判员要求暂停。

（1）暂停时间不得超过 30 秒。

（2）当记录台发出暂停信号后，由副裁判员主持暂停。

（3）暂停时，场上队员不得离开比赛场区。

（4）暂停时，教练员可进行指导，但不得进入比赛场区。

（5）每局比赛每队有 2 次请求暂停机会，每次暂停时间不得超过 30 秒。

（6）任意一局比赛的暂停次数不得移至另一局比赛使用。

（7）暂停结束后，由副裁判员组织队员入场，继续比赛。

（二）暂停犯规

（1）在一局比赛中，某队请求第三次暂停，裁判员应该拒绝，并判该队失 1 分。

（2）在一局比赛中，某队暂停时间超过 30 秒，经裁判员提示后，未迅速恢复比赛，则判该队再次暂停。如果该队暂停次数已经达到 2 次，则判该队失 1 分。

十一、三人赛换人

（一）三人赛换人的定义

（1）三人赛比赛成死球后，在裁判员的允许下，由教练员或场上队长请求场下队员替换场上队员比赛位置，即一名队员离开比赛场地，另一名队员经记录员登记后，占据其位置的行为，称为换人。

（2）三人赛比赛成死球后，在正裁判员鸣哨发球前，允许换人。

（二）三人赛换人规定

（1）当记录台发出换人信号后，由副裁判员组织换人。

（2）换人时，场内其他队员不得离开比赛场区。

（3）换人时，教练员及其他场外人员不得对场区内队员进行指导。

（4）每一局比赛中，每队换人不得超过 3 人次，每次换人时间不得超过 15 秒，换下场的队员允许再次被换上场。

（5）替补队员上场应提前在换人区等候。

（6）比赛中因故被取消比赛资格的队员，或因受伤不能继续参加该比赛的队员，可由替补队员替换。如果该队在该局比赛中已换人 3 人次或场外无人替换，则判该局失败；如果因队员受伤，场上阵容不完整，判该队负局。如果该队不能进行下局比赛，则该局比分按照 21∶0 计算。

（三）换人犯规

（1）换人时间超过 15 秒，则判该队一次暂停。如果该队暂停次数已经到达 2 次，则判该队失 1 分。

（2）在每局比赛中，请求第四次换人，裁判员应该拒绝，并判该队失 1 分。

十二、触网

（1）比赛进行中，队员身体任何部位触及标志杆或标志杆以内的球网，判该队失 1 分。

（2）比赛进行中，队员身体任何部位触及标志杆或者标志杆以外的球网、网柱、网绳等其他物体后并影响比赛正常进行，判该队失 1 分。

十三、进入对方场区或空间

（1）比赛进行中，身体任何部位从网上标志杆以内区域进入对方场区的空间（拦网队员随球过网除外），判失 1 分。

（2）比赛进行中，除脚以外的身体任何部位触及中线，或任意一只脚完全越过中线，判失 1 分。

十四、中断比赛

（1）有其他人或者物品进入比赛场区，裁判员应鸣哨中断比赛。

（2）须更换损坏的器材，裁判员应鸣哨中断比赛。

（3）运动员发生意外受伤事故等，裁判员应鸣哨中断比赛。

十五、延误比赛

（一）延误比赛定义

某队拖延比赛正常进行称为延误比赛。

（二）延误比赛规定

（1）比赛队无故迟到15分钟，视为弃权。

（2）因判罚引起纠纷，经劝告无效，判该队负一场。

（3）正裁判员第二次做出得分或发球权手势后5秒内，发球队员未进发球区，判该队失1分。

（4）正裁判员鸣哨并做出允许发球手势后5秒内，发球队员未将球发出，判该队失1分。

（5）队员受伤场上阵容不完整时，队员受伤处理时间超过3分钟，替换队员迟迟不能上场，应判该队延误比赛并失1分。

（6）换人时间超过15秒，判该队一次暂停。如果该队暂停次数已经到达2次，则判该队失1分。

（7）暂停时间超过30秒，判该队继续暂停一次。如果该队暂停次数已到达2次，则判该队失1分。

十六、非技术性犯规

球队成员对裁判员、对方队员、同队队员或观众造成不良影响的行为称为非技术性犯规。根据情节轻重判罚，判罚等级有出示黄牌警告、出示红牌取消比赛资格。

（一）警告

（1）不符合规则规定的行为，如无请求权力的队员提出请求，第一次给予口头警告，重犯上述行为之一，出示黄牌警告并判失1分。

（2）干扰、影响裁判员判断的行为，第一次给予口头警告，重犯上述行为之一，出示黄牌警告并判失1分。

（3）对裁判员判罚进行争辩的行为，第一次给予口头警告，重犯上述行为之一，出示黄牌警告并判失1分。

（4）不文明举动，或对裁判员、工作人员、观众或同场队员不礼貌行为，如摔球、怒视、谩骂或手指对方队员，第一次给予口头警告，重犯上述行为之一，出示黄牌警告并判失1分。

（二）取消比赛资格

凡出现取消比赛资格的行为，裁判员出示红牌取消该队员本场比赛资格，并判该队失1分。被取消比赛资格的队员应立即离开比赛场地。取消比赛资格的行为有：

（1）诽谤、侮辱性的行为。

（2）侵犯他人或企图侵犯他人的行为。

（3）重犯黄牌警告的行为。

（4）严重干扰比赛秩序的行为，如不服从裁判判罚、故意延误比赛。

（5）罢赛。

专家解读

1. 毽球比赛设有哪些项目?

答：比赛设男子三人赛、女子三人赛、男子双人赛、女子双人赛、男子单人赛、女子单人赛、男女混合双人赛共7个项目。

2. 毽球循环赛决定名次的方法是怎样的?

答：一定要按照中国毽协制定的规程执行。只有一种方法，就是净胜，而不是比率。方法如下：

（1）将每场比赛的得分记录下来，全部比赛结束时，按各队在比赛中积分多少决定名次，积分多者，名次列前。

（2）如遇两队或两队以上（含两队）积分相等时，则采取以下方法决定名次：

① C值高者，名次列前。C值指净胜总局数，是该队在此次全部比赛中的胜局总数减去负局总数。

② Z值高者，名次列前。Z值指净胜总分数，是该队在此次全部比赛中的总得分数减去总失分数。

注：净胜是用加减方法计算出来的，最后得的是整数。

3. 2011版《毽球竞赛规则与裁判法》做了哪些重大修改?

答：此规则修改后的重点，表现在以下八个方面：

（1）统一项目名称，男子三人赛、女子三人赛取代了男女团体赛的称谓，双人赛、单人赛取代了双打、单打的称谓。

（2）统一了场地，取消了单人赛5.18米的界线（减少了界线有利于对界内球、界外球的判断）以及公共暂停的特殊规定（与国际接轨，有利于项目的推广）。

（3）取消了轮换发球。

（4）取消了三人赛中四人次的判罚（符合技战术的发展规律，丰富了技战术的套路）。

（5）增加了礼仪部分的规定（规范了赛场，提升了项目的普及性和推广度）。

（6）增加了对延迟发球的判罚（使比赛紧凑有序地进行）。

（7）增加了对非技术性犯规的界定及判罚手势（营造了良好的竞赛氛围）。

（8）增设了每局最高分的规定（缩短了比赛时间，有利于市场商业价值的运作）。

4. 毽球三人赛、双人赛、单人赛是在什么样的场地上进行的？

答：毽球比赛场地包括比赛场地和无障碍区。比赛场地是长 11.88 米、宽 6.1 米的长方形，其四周至少有 2 米的无障碍区。在比赛场上空，从地面量起的垂直高度至少有 6 米的无障碍空间。比赛场地地面必须水平、平坦，而且整个场地要一致。场内不得有任何可能伤害队员的隐患，不得在粗糙的、湿滑的场地上如沙石地、水泥地或草地进行比赛，避免出现伤害事故。基层修建室外毽球场地，可用三合土、黏土或沥青铺设地面。

5. 毽球比赛场地是如何划分区域的？

答：毽球比赛场地上两条长 11.88 米的线叫边线，两条宽 6.1 米的线叫端线。连接场地两边线的中点且与端线平行的线叫中线。中线的中心线将比赛场区分为两个尺寸相等场区，尺寸为 5.94 米×6.10 米的。每个场区各画一条距离中线中心线 1.98 米并与边线连接且平行的线，此线叫限制线。中线与限制线以内的地区为限制区，俗称前排。限制线与端线之间的区域叫后场区，俗称后排。单人赛场区的限制线与端线之间的区域为单人赛接发球有效区。距两端线中点两侧各 1 米处向场外各画一条长 20 厘米、距端线 4 厘米并与端线垂直的短线，叫发球区线（此线不包括在发球区内），发球区线后无限延长的区域叫发球区。两条限制线向场外记录台一侧无障碍区延长线所形成的区域为换人区。

6. 怎样画标准的毽球比赛场地？

答：画毽球比赛场地时，先画一条长11.88米的制线为边线，找出5.94米处的中点，在距中点两侧1.98米处各画一个点，分别为圆心，以大于2米的长度画弧线，得出相交点，连接中点得出一条垂直于边线的直线，延长到6.1米处即为球场的中线，然后以边线的两端为圆心，6.1米为半径长，中线的一端为圆心，以8.15米（对角线）为半径长分别画弧相交，找出相交点，分别连接同侧的相交点，与边线的末端即得到两条端线。连接两条端线的同侧顶端则得出另一条边线。在距中线两侧1.98米处各画一条与中线平行的线即为限制线。最后画出发球区，距两端线中点两侧各1米处向场外各画一条长20厘米、距端线4厘米并与端线垂直的短线，叫发球区线。毽球场地各线宽均为4厘米，其宽度包括在场地面积内。而发球区的白线区域则不包括在发球区内，踩线即为发球犯规，发球区白线向后的无限延长线也不能踩，否则也以发球违例处罚。

7. 毽球比赛需要哪些设备、器材及用品？

答：(1) 球网：长7米，宽76厘米，网孔为2平方厘米。设在中线的中心线垂直上空，它将比赛空间分成两部分，球网为深棕色，球网上沿缝有4厘米宽的双层白布。用钢丝从中穿过，拉紧球网的上沿并固定在网柱上。球网下沿用绳子穿起并拉紧，固定在网柱上。球网高度男子1.6米，女子1.5米，混双网高1.6米。

(2) 标志带：两条宽4厘米、长152厘米的白色袋子为标志带，分别设在球网两端，垂直于边线和中线的中心线的交接处。两条标志带均被认为是球网的一部分。

(3) 标志杆：用玻璃纤维或类似材质制作的有韧性的杆子，长

1.2 米，直径 1 厘米，每 10 厘米应涂有红白相间的颜色。标志杆需两根，分别设置在标志带的外沿，球网的两侧，并高出球网 0.44 米。

(4) 网柱：网柱固定在两条边线以外 45 厘米的中线延长线上。其高度可调节。

(5) 毽球比赛用球：为桃红色，毽球的高度 13~15 厘米，重量为 13~15 克。一次比赛中多用的球必须是统一的。全国性毽球比赛使用江苏太仓毽绳厂生产的“新健牌”306A 彩色球。

(6) 红黄牌、挑边器。

(7) 队长标志（深浅两种颜色）、袖标。

(8) 司线员手旗：两名司线员各持一面，一般为红色，尺寸为 30 厘米×30 厘米。

(9) 裁判哨：正、副裁判员使用，记录员使用双音哨。

(10) 翻分器：带百分的翻分器。

(11) 毽球比赛记录表格（三人赛、双人赛、单人赛）、裁判员执场安排表、位置表（三人赛、双人赛）、适应场地安排表、单项赛队员更换确认表。

(12) 裁判椅。

(13) 记录台：长形条桌。

(14) 运动员坐席：长条凳。

(15) 丈量网高标尺：男子 1.6 米、女子 1.5 米。

(16) 记录板、资料袋、订书器等。

(17) 队员牌若干。

(18) 广播器材及配乐，配乐须准备《中华人民共和国国歌》《运动员进行曲》以及颁奖曲。

(19) 文具用品：三角尺（中间带圆孔，记录员使用）、圆珠笔、铁夹、壁纸刀、小胶带。

8. 毽球比赛场地的界线有什么要求?

答:毽球场地的界线宽 4 厘米,其颜色应与地面和其他项目不同。全国比赛要求场地界线必须是白色的。

9. 基层比赛的沙土地面可以用砖头作为界线吗?

答:不行。为了防止出现可能伤害运动员的隐患,不得使用任何坚硬的物体作为场地界线。基层比赛可用白灰等代替材料画线。

10. 场地地面上的广告牌应设在何处?

答:场地地面上的广告牌应设置在无障碍区,广告牌应选用轻材料,避免伤害运动员,其高度一般不超过 80 厘米。

11. 标志杆的作用是什么?

答:标志杆的作用是帮助裁判员比较客观地判断球是否在相距 6.1 米的两标志杆内侧进入场区。如果球触及标志杆或标志杆以外的网进入对方场区,应判界外球。标志杆应靠近标志带外沿,即垂直于边线外沿上空,在球网的两侧。标志杆被认为是球网的一部分,并视为过网区的边界。

12. 如何计算两标志杆之间的距离?

答:两条标志带外缘之间的距离应为 6.1 米。

13. 标志杆能用别的材料代替吗?

答:正式比赛要求标志杆是玻璃纤维或类似材质制成,基层比赛可用其他材料代替,可因地制宜选用竹竿或藤条等作为标志杆。

14. 毽球场上有哪些界线是向外(上)无限延长的?

答:中线,限制线,发球区线向外延长至无障碍区,标志杆向上延伸至无障碍空间。

15. 裁判员如何丈量球网的高度?

答:球网高度应用量尺丈量。首先从场地中间丈量,其高度必须是规则规定的高度;然后丈量球网两端(边线上空)的高度,其高度必须是规则规定的高度,并不得超过规定网高 2 厘米。

16. 球队席长凳应稍离无障碍区放置吗？

答：球队席长凳应稍离无障碍区放置，距离以坐在长凳上的人的脚不进入无障碍区为宜。

17. 比赛中是否允许记者进入无障碍区拍照？

答：比赛时，包括记者在内的其他非比赛人员不得进入无障碍区。

18. 比赛中的发球按什么顺序进行？

答：发球必须按照位置表上的次序进行。当发球队赢1分时，该队员继续发球；当接发球队赢一分时，该队获得发球权并轮转，由轮转至1号位的队员进行发球。

第三章 毽球裁判员的条件与职责

第一节　毽球裁判员的条件

一、毽球裁判员的基本条件

（1）公正、公平、透明、廉洁。

（2）理论水平突出，精通规则与规程，业务能力全面。

（3）有出色的组织能力、协调能力和管理水平。

（4）顾全大局，知人善任，勇于承担责任。

（5）工作踏实，任劳任怨，善于总结经验。

（6）具有威信和威望。

二、毽球裁判员的专业条件

（1）熟悉规则，融会贯通。规则是比赛的法规，是判断的依据。因此，裁判员必须精通业务，熟悉并严格执行规则。判断要力求准确和果断，手势要明确清晰，体现公正和严肃认真的工作态度。例如，必须要精通对发球犯规的规定，对服装的规定，对比赛连续性的规定，对教练员场外指导的规定以及对弃权的规定等；在对运动员的发球进行判罚后，运动员向裁判员申诉时，裁判员要立即说出理由，使之信服；教练员在不该指导的时间里进行指导时，裁判员必须运用规则和规程，立即处理。在激烈的比赛中，常常会遇到来自各方面的干扰，裁判员要沉着冷静，判断要准确、及时、果断。当运动员提出不合理要求时，裁判员不能迁就。当运动员出现不正当行为又不听从劝阻时，应按照规则出示黄牌、红牌，进行判罚。裁判员绝对不允许进行报复。

（2）反应敏捷，具有健康的体魄。裁判员必须要有清晰的思维和敏捷的反应，对场上出现的一切问题必须在第一时间里面做出快速的反应以及正确的处理。裁判员必须有健康的体魄，只有精神饱满，精力充沛，思想才能高度集中，才能在紧张激烈且持续时间较长的竞赛中反应快速，判定果断，判罚准确。在赛会期间，裁判员一定要注意休息，保持充沛的体力和精力。

（3）良好的亲和力与风度。一名优秀的裁判员在严格执法的同时，也需要具有亲和力。当赛场出现争执、争议时，裁判员应面带微笑，从容镇定地处理好问题，而不是呆板、不苟言笑，激化矛盾。裁判员的风度应该是不卑不亢，落落大方，衣冠整洁，整齐划一；手势舒展，清晰准确；哨音强弱分明，长短有序；掌握好节奏，坦然自若，不慌不忙。

（4）出色的组织协调能力。裁判员的组织协调能力表现在工作上，即工作效率要高，能够在工作中一环紧扣一环，行为果断，当机立断。同时，要服从指挥，听从裁判长的调配，遵守纪律，团结协作。

（5）有较高的英语水平。如今，毽球运动已成为一项全球化的运动项目，这就要求裁判员学会使用国际通用语言——英语。

（6）掌握判罚尺度。裁判员在掌握判罚尺度时要适宜，在各种不同情况和不同类型的比赛中，要恰如其分，灵活地掌握平稳的判罚尺度。在同一场比赛中，一定要做到对双方一致，前后一致，不可时而过严，时而过松，延误判罚，随意改判，那样既会造成判罚混乱，干扰竞赛工作，又会影响裁判的声誉。所以，准确、一致的判罚尺度有利于双方运动员充分发挥水平，保证竞赛工作的顺利进行。

（7）热爱毽球运动。主要体现在关注毽球运动发展，裁判员要经常研究毽球运动的新技术、新战术及其发展趋势，不断探讨和钻研规则，促进毽球运动的发展和技战术水平的提高；裁判员必须参加毽球运动的实践，体会各种动作，从中摸索出规律，使判罚更准确。裁判员应有热爱毽球运动的事业心，热心裁判工作；工作中不为名利，不计较个人得失；注重团结，相互尊重，相互学习，相互支持，积极开展评议，不背后议论，反对嫉贤妒能和搞宗派活动；要自信、自爱、自尊，正确对待分工，坚持原则，不徇私情，团结一致，密切配合，以保证竞赛任务的顺利完成。

三、裁判员应该具备良好的心理素质

良好的心理素质是做好毽球裁判员的前提条件，同时，裁判员在执裁过程中总会遇到一些困难或争执，这时，裁判员需要保持冷静，并根据规则与规程进行判定，而不能受到外界的干扰。

第二节　毽球裁判员的职责

一、裁判长

（一）裁判长的基本职责

（1）对组成整个毽球竞赛的每一场比赛负有责任。

（2）对毽球规则和竞赛规程的解释做出最后决定。

（3）保证比赛公平、公正、公开有序地进行。

（4）统筹管理毽球竞赛。

（二）担任裁判长的基本条件

（1）热爱毽球运动，有与毽球运动相关的学习研究经历和丰富的执裁经验。

（2）精通毽球竞赛规则，熟悉与毽球运动相关项目的竞赛规则，

如熟悉羽毛球竞赛规程并具有与羽毛球运动相关的知识。

（3）讲原则、责任心强、条理清晰、富有主见，团结友好。

（4）体力充沛，仪表端正。

（三）裁判长在比赛前的工作职责

（1）阅读本次毽球竞赛规程和相关文件。

（2）提前到赛场了解比赛场地情况，并委托承办方做好如下准备工作。

① 确定比赛场地数量。

② 确定比赛裁判人数。

③ 指定比赛检录处、公告栏处。

④ 指定大会医疗救治处、编排组处。

⑤ 安排志愿者和确定助理裁判人数。

⑥ 交代承办方需要购置的比赛器材、设备和记录台用品。

⑦ 需要购置的裁判员椅子、运动员席长凳。

（3）了解毽球竞赛的概况，各项目的参赛人数、队数，核算比赛的轮数和场数，可以使用的场数、比赛天数及时间。

（4）了解毽球竞赛各有关部门及人员的联系方法，如竞赛委员会、医生、交通车、裁判人员、编排记录组（场地安排员、播音员、翻译员）、管球员、场地器材组。

（5）核查抽签、竞赛编排等情况。

① 核对各个运动队和运动员的报到情况。

② 在领队会时了解退出比赛、弃权和需要替补的情况并做出决定。

③ 比赛的秩序表应在各个运动队报到或比赛前几天发到各个比赛队伍和有关部门。如果因故有变动，那么在领队会后，至少在比赛开始前一天必须公布最终完整正确的比赛秩序表。

（6）检查比赛场地、设备、器材等是否符合要求。

① 丈量比赛场地是否标准，检查线的颜色是否清楚，检查场地表面是否平整，检查场地四周空间和高度是否符合标准，检查网柱是否稳定，等等。

② 检查裁判椅的位置、角度、稳定性，检查灯光角度和亮点，检查四周挡风窗帘和挡板的情况，检查场地背景（广告牌、桌子等）的位置及颜色。

③ 检查裁判员、运动员、司线员、记录员进入场地、离开场地的路径。

④ 检查裁判员、运动员、司线员、记录员等人员的休息室以及厕所、指示牌，检查医务室、兴奋剂检测室。

⑤ 检查运动员检录处的位置是否合理。运动员检录处位置是否方便运动员最近进入比赛场，是否影响比赛。

（7）检查比赛用球。除了按照规则要求随机抽查测试毽球的速度外，还要使用高发球检查比赛用球飞行的稳定性，以及检查球的牢固程度。

（8）召开裁判长、领队和教练员的会议。确定会议时间、地点，最迟在比赛前一天要召开会议，会议流程如下：

① 对出席会议的所有人员表示欢迎。

② 核查、询问参赛队伍和运动员报到的具体情况，核对秩序册（若发现错误，及时更正），对弃权、替补等情况在会议上做出决定。

③ 宣布比赛的报到时间、地点，进场、离场路径。

④ 宣布训练场地时间表、赛前准备活动地点及时间。

⑤ 告知领队、裁判员如何处理可能发生特殊情况。

⑥ 最后，感谢各领队和教练员的合作，预祝在大家的努力下，比赛圆满完成。

(9) 召开并主持全体裁判员会议，会议流程如下：

① 对出席会议的所有人员表示欢迎。

② 介绍本次比赛项目、参赛队、运动员人数、比赛方法、竞赛日程等。

③ 宣布比赛时间，裁判员报到时间、地点，比赛进场、退场的路径。

④ 严格要求裁判员在进场后检查场地上所有器材、裁判员的位置。

⑤ 宣布本次比赛各单元，介绍一场比赛开始时如何宣报。

⑥ 强调执行规则的重点、发球裁判员的宣判、网前的击球违例、换发球的处理、比赛连续性和行为不端的处理、场上受伤的处理等。

⑦ 最后，表示希望能与全体裁判员合作顺利完成此次比赛。

(10) 召开全体司线裁判员会议，会议流程如下：

① 对出席会议的所有人员表示欢迎。

② 介绍本次比赛项目、参赛队、运动员人数、比赛方法、竞赛日程等。

③ 要求司线裁判员旗示“界内”“界外”时，手势动作要果断清楚。

④ 要求若司线员认为球擦运动员的身体或衣服后出界，就要立即出旗示“擦身体出界”的手势。

⑤ 只要是球落在该司线员分管的线附近，都要做出手势。比如，落在后场边线和端线的交界处附近，司线员要立即抢占位置并做出手势。如果司线员做出的旗示与副裁判员的手势不同，正裁判员应暂停比赛，召回副裁判员、司线员，统一判球性质，各裁判员回到执裁位置上做出统一判断手势和旗示。

⑥ 最后，表示希望能与全体司线裁判员合作顺利完成此次比赛。

(11) 对编排记录提出要求，要求如下：

① 要求在每天比赛开始前准备好比赛的秩序表和记分表。

② 要求比赛时认真做好记分表格的填写。

③ 要求在比赛结束后收集记分表，并根据统计表统计每场比赛所用的时间。

④ 要求及时上传本次比赛成绩。

⑤ 要求对资料归档，编制成绩册。

（12）会见医生并提出要求。裁判长应与医务人员提前商讨，在比赛中，遇到运动员受伤时的处理步骤。

（四）裁判长在比赛中的工作职责

（1）检查场地器材。提早到达场地后，对场地、器材有重点地做最后检查。

（2）测试球速和稳定性。到达场地后，现场测定毽球的速度和稳定性。

（3）裁判工作准备会。裁判长在比赛前一天到达比赛场地，检查比赛准备情况，发现不足之处，马上补救。准备会时，要强调裁判员对比赛的控制，解答裁判员提出的问题。

（4）检查各岗位到位情况。提前到各个岗位检查相关人员（裁判员、记录台人员、广播员、医生等）的到位情况。

（5）比赛进行中的工作。

① 接受领队或者教练员提出的弃权请求，并及时将处理意见通知记录组和有关运动队、运动员。

② 针对裁判员或司线员判决提出的申诉，裁判长应该先听取教练员的诉求，然后到比赛场地仔细观看。

③ 运动员对司线员的判定提出异议，裁判长首先应该制止运动员与司线员争议，告知运动员有问题向正裁判员提出。

④ 如果正裁判员认为司线员的判定确实为明显错误，裁判长也

持同一看法，可以撤换该司线员，但不能更改司线员的判定。如果在正裁判员宣报“继续比赛”后，运动员仍然纠缠不休，正裁判员首先应该给予警告，如果给予警告仍然纠缠不休，则判该队失 1 分。

⑤ 裁判长应该随时环视整个场地，一旦发现有运动员与裁判员纠缠或者行为不端时，应到该场地边等待裁判员的召唤。

⑥ 对破坏比赛连续性和行为不端的处理。正裁判员应严格控制比赛的进程，不允许运动员采取不当手段来达到某种目的，运动员频繁地要求喝水、擦汗、喝水及擦地等是为了恢复体力时，可以予以拒绝。在局数是 1∶1 的间歇期，如果一方运动员超过 5 分钟才到，应该给予警告，迟到时间长的还可判违例。

（6）对场上受伤情况的处理。

① 在国际比赛中，一旦发现运动员因伤或抽筋而使比赛停止，裁判员立即要开启秒表。

② 如果运动员很快恢复，则比赛继续进行。

③ 如果运动员不能立即恢复比赛，则裁判员应召唤裁判长，在裁判长陪同下与医生一起进场，由医生区分该运动员的受伤程度。正裁判员根据竞赛规则与运动员受伤情况，允许进行 3 分钟的简单治疗。在裁判长和医生离开场地后，正裁判员宣报“继续比赛”。

④ 如果超过 3 分钟医疗救治时间后，运动员还没准备好，正裁判员应该要求运动员站好位置，继续比赛。

⑤ 如果运动员站好位，比赛应立即进行。如果运动员不能立即恢复做好比赛的准备，正裁判员应宣布该受伤运动员退出比赛。

⑥ 比赛因伤暂停后，该运动员又因伤痛停下来时，正裁判员应向其询问能否比赛，如果回答“可以”，则比赛继续进行，不允许再次停顿和治疗。

⑦ 如果该运动员不能继续比赛，则正裁判员宣布该运动员退出比赛。

（7）关于比赛用球申诉的处理。在比赛中，运动员向正裁判员提出比赛用球的速度过快或过慢、稳定性差时，若正裁判员认为比赛用球速度正常、稳定性好，正裁判员应该要求继续比赛。若正裁判员也感觉到在比赛过程中比赛用球的速度过快或过慢、稳定性差，则同意换球。

（8）考察裁判员的工作。仔细观察比赛中正裁判员、副裁判员和司线员的裁判工作情况并做记录，场上发生的意外事故也要记录，供对裁判员作鉴定、小结，或裁判长报告时用。

（9）审核记分表。审核各场地记录员交来的临场记分表，裁判长自己也需记录比赛结果，并随时查看成绩公报，审核成绩公布是否正确。

（五）裁判长在比赛结束后的工作

比赛结束后，裁判长应写好裁判员的考核鉴定，写好竞赛及裁判小结。

二、正裁判员

（一）正裁判员的位置

正裁判员坐在球网一端的裁判椅上，面对记录台，水平视线必须高出球网上沿 40 厘米。

（二）正裁判员在比赛前的工作职责

（1）主持本场地裁判小组工作，明确分工配合，并做好思想与业务上的准备。

（2）准备裁判服装、口哨、挑边器、红黄牌、胸徽等，并注重个人仪表。

（3）检查场地、器材、设备是否符合规定，场地地面是否平整，周围无障碍区是否安全，球场线、球网高度和松紧程度是否符合标准，网柱、裁判台的高度是否符合要求，标志带、标志杆是否符合标准，灯光照明是否符合规定，比赛场地附近是否设有运动员席等。

（4）检查参赛队伍的服装颜色、号码与队长标志，不允许穿着没有号码或号码不符合规定服装的队员上场比赛，全队比赛服装的颜色与式样必须整齐划一。

（5）按时组织司线员、记录员进场以及运动员自行进场进行练习。

（6）比赛前召集双方队长用投币的方式选择场区和球权，掌握两队准备活动时间。

（7）比赛开始前 2 分钟，正裁判员宣布停止练习，运动员退场，副裁判员最后检查网高、标志杆及标志带等，正裁判员鸣哨后，站在端线的双方队员到网前相互致意。正裁判员登上裁判椅，副裁判员和司线员、记录员各就各位，双方队员按位置、背对记录台站好，副裁判员核对好位置后，正裁判员鸣哨宣布比赛开始。

（三）正裁判员在比赛中的工作职责与要求

（1）鸣哨发球前，注视双方队员站位情况。

（2）鸣哨并做出准许发球的手势。

（3）判断发球队员发球犯规及失误、发球掩护和位置错误等。

（4）鸣哨发球后，不允许某队请求暂停或换人。

（5）在击球时，判断持球、连击、三人次、五次击球、球触身体出界等，视线要随球转移，尤其要看清楚队员的触球动作。

（6）对于一切判断，只有确实看清楚并有把握时才可以鸣哨，如果只是怀疑，情况模糊，一定不要鸣哨。

（7）手势要规范，符合规定，努力做到准确大方、交代清楚、果断及时。

（8）当场上队长提出请求时，应对判定给予解释，但不允许其对判定进行争辩。若其提出保留并在比赛后对此提出申诉的声明，应该予以允准。

（9）当正、副裁判员鸣哨即为死球。判断时，必须明确谁先犯规，只能对先犯规的一方判罚。发生犯规时，裁判员要立即鸣哨。根据鸣哨先后进行处理，避免争议。同时犯规，应该同时鸣哨，按双方犯规处理，判重新发球，并由原发球队员发球。必要时，正裁判员可先分析副裁判员的判断后再作处理。

（10）如果因裁判员判断失误，而引起争议或者场上队长询问时，正裁判员应沉着、冷静，及时地听取其他裁判员的报告，不要受外界的影响，也不要感情用事，应根据事实，尽可能快地做出判定，并稳定场上情绪，防止类似情况再次发生。

（11）如果双方队员在场地发生严重矛盾时，应立即召集双方场上队长根据情况进行教育。

（12）器材、设备发生故障或发生其他意外事件时，正裁判员要与比赛组织者和在场的裁判长，采取措施恢复比赛。在中止比赛期间，队员应该在原地休息，不得进行场外指导，未经允许不得擅自离开。

（13）正裁判员对某队执行判罚时，应该招呼该队场上队长到台前，向其讲明判罚的原因和处罚等级，然后出示黄牌或红牌，并转告副裁判员，再由他转告记录员并登记在册。比赛队员在违反下列规定时，应予以警告或取消比赛资格：

① 警告（出示黄牌）。

a. 对裁判员有不正当的行为。

b. 对本方队员或对方队员有不正当的行为。

c. 踢、打、用头撞击或企图踢、打、用头撞击对方队员。

d. 在比赛中断时（局间休息除外），未经裁判员允许擅自离场。

② 取消比赛资格（出示红牌）。

经警告后重犯或情节恶劣者，可不经警告立即取消其比赛资格。

（14）正裁判员在暂停、换人或执行判罚时，应给副裁判员和记录员充足的时间，以完成记录工作，待确实登记完毕后，再鸣哨进行比赛。

（15）在决胜局比赛时，待双方第二局退场后，正裁判员应该立即召集双方队长重新选择场区或者球权，并将选择结果立即通知记录员和副裁判员。

（16）决胜局前，正裁判员要掌握休息时间（休息时间为 5 分钟），继续比赛前，召集其他裁判员准备进入工作岗位，并鸣哨令双方队员准备入场。

（17）决胜局中，当某队先得 10 分或者 8 分时，正裁判员鸣哨，令双方队员交换场区。副裁判员和记录员须重新核对场上队员的位置，由原发球队员继续发球。

（四）正裁判员在比赛后的工作职责

（1）两队场上的队员站在本场区的端线上跑向中线，互相致意，接着自行退场。

（2）比赛结束后到记录台签字，顺序为：记录员、双方队长或教练员、司线员、副裁判员。正裁判员检查比赛结果核实无误后，方可签名确定比赛结果。

三、副裁判员

（一）副裁判员的位置

副裁判员站在球网另一端的场外，面对正裁判员。

（二）副裁判员在比赛前的工作职责

（1）参加准备会，明确职责分工、配合与重点要求，并做好业务与思想上的准备。

（2）准备裁判服装、口哨，注重个人仪表。

（3）检查场地、器材与设备，尤其是球网高度。

（4）协助正裁判员检查场地和比赛用球，并负责掌管比赛用球。

（5）掌握准备活动时间，并及时通知两队交换场地进行练习，准备活动后丈量网高。

（6）将上场队员位置表发给两队教练员，每局开始前向他们索取填写好的位置表。

（7）将双方教练员签字的位置表交给记录员登记并保管好。

（8）参加或了解双方队长选择场区与发球权的结果，并协助记录员登记。

（9）核对双方队伍上场位置。检查替补席的就位人员，检查上场队员的服装、号码及场上队长有无袖标，如队员站位与位置表不符，应按规则进行纠正和处理。

（10）正裁判员鸣哨双方站位后，检查双方站位是否与位置表相符合。如不符，应立即纠正，该队队员须按位置表进行调整。核对完毕，举手通知正裁判员，并将比赛用球递给发球队员。

（三）副裁判员在比赛中的工作职责

（1）将比赛用球递给发球队员。

（2）面向接发球一方站位。

（3）判断接发球一方的位置。

（4）如果出现发球场序错误，应该及时了解情况并报告正裁判员。

（5）正裁判员鸣哨发球后，不允许请求暂停或者换人。

（6）协助判断背对正裁判员明显的连击、四人次和五次击球等。

（7）副裁判员一般只做手势不鸣哨。可以用手势指出在其职责以的犯规，但不能鸣哨，并服从正裁判员的最终判断。

（8）副裁判员对以下犯规可以鸣哨并做出手势：

① 接发球方位置错误。

② 球侵入限制区、球触及障碍物。

③ 球从网下穿越进入对方场区和空间。

④ 运动员触及球网和副裁判员一侧标志杆。

⑤ 球从过网区以外过网或触及副裁判员一侧的标志杆。

⑥ 其他人或者物体进入场地内。

⑦ 暂停或者换人。

⑧ 发现队员受伤，准许进行替换或给予治疗恢复时间。

（9）比赛成死球后，接受教练员或场上队长提出暂停或换人的请求，并掌握暂停时间和换人次数。

（10）掌握暂停和换人的次数，在第二次暂停和第三次换人时，要及时用手势通知正裁判员和该队教练员。

（11）教练员要求暂停时，应该立即鸣哨并做出暂停的手势，然后看表，掌握暂停用时。检查记分表上双方的暂停次数并通知正裁判员，监督两队的替补队员有无犯规行为。

（12）注意双方教练员请求暂停与换人，掌握好请求时机。

① 如果某队技术连续失误或者连续失分，有可能会请求暂停或者换人。

② 如果某队比分领先时，发现对方连续得分，有可能会请求暂停或者换人。

③ 掌握教练员请求暂停和换人的习惯，如在比分到 10 分前后，教练员常会利用暂停机会调整或者稍事休息。

④ 在比赛的关键时刻或者比分接近时，要注意教练员发出的请求。

（13）如果某队请求换两人次，应该一个一个地进行，以便记录员登记。当副裁判员同意换人，副裁判员要面向球网站在限制线附近，让两名上、下场队员举手站在他和球网之间，待记录员核对后，再同意交换。待记录员记录完毕，副裁判员应及时做出手势通知正裁判员鸣哨恢复比赛。

（14）在决胜局交换场区后，根据位置表，检查双方场上队员的位置。

（15）在比赛中，注意替补队员和教练员，一旦发现有不正当的行为，应在死球后及时报告正裁判员。在比赛进行中，应阻止替补队员在无障碍区内做替换前的准备活动。

（16）管理好运动员座位席，按照秩序册人数就位。

（四）副裁判员在比赛后的工作职责

（1）保管好比赛用球。

（2）协助召集双方队长到记录台签字。

（3）在记分表上签字。

四、记录员

（一）记录员的位置

记录员坐在正裁判员斜对面的记录台上。

（二）记录员在比赛前的工作职责

（1）在记分表上填写双方队名、性别、比赛名称、比赛日期和比赛地点，登记比赛队及运动员的姓名和号码（有秩序册时可事先登记好），并请教练员和队长核对后签字。

（2）根据正裁判员的通知，登记选择发球或场区的情况，在左场区的队登记在记分表的左侧，右场区的队登记在记分表的右侧。在先发球队 1 号位置第一轮次的格内上方画一个“√”，在接发球队 1 号位置第一轮次格内上方画一个“×”。

（3）根据双方交来经教练员签字的位置表，登记上场队员的发球次序。两队均从 1 号位置依次登记。登记后，将位置表交给副裁判员。记录员在比赛开始前不得向任何人透露双方上场阵容。

（4）正裁判员鸣哨令双方运动员站好位置后，副裁判员检查上场队员是否与交来的位置表相符，核对无误后，即向正裁判员示意。如果发现错误，应立即处理。

（三）记录员在比赛中的工作职责

（1）比赛开始前，负责在毽球竞赛记分表上登记两队队员的姓名、号码及轮转次序。

（2）某队请求换人时，应将替补队员号码填写在被替换下场队员号码下面的方格内，同时在替补队员号码右方的比分格内，记上换人时两队的比分，将要求换人一方的分数写在前面，并在当时掌握发球一方的比分上角画“√”。

（3）某队请求暂停时，应报告双方已暂停的次数。在该队累计积分栏内的下方、暂停次数栏下面的小格内记上暂停时两队的比分，将要求暂停队的比分写在前面，并在当时获有发球权一方的比分上角画“√”。

（4）在决胜局中，当某队先得 10 分或 8 分时，立即通知裁判员交换场地，将记分表左侧队累计积分栏内该队所得分数的下面画一横杠（即“—”），表示换场前所得分数，但在后半局记录栏累计积分栏内将换场前所得的分数用“｜”记录。为避免出现第三次暂停，在交换场区时，可把原来左侧队的暂停次数移到后半局记录栏内，以免发生错误。

（5）一局比赛结束时，应在胜队最后一名发球队员的发球次序内填写最后的分数，并将双方累计得分栏中最后得分的下面画一横杠，把分数结掉，同时再将两队该局的最后比分写在各自一侧的栏内用圆圈上，然后记下结束时间。

（6）由于发球次序错误所得的分数被取消时，在累计积分栏内将所得分用竖杠划掉，再得分时在同格内加画斜杠。例如，得分画“\”，被取消画“｜”，再得分画“×”。

（7）场上出现特殊情况时，要根据正裁判员的判定，将所发生的情况，记录在记分表下面的备注栏内。比如，某队员被取消比赛资格、教练员受到警告或判罚、比赛因故中断、非正常换人等。先搞清楚情况，然后再把判罚的原因及处理方法在“裁判员的意见及其他”栏内作简要说明，并记录当时的比分。

（8）当发现裁判员的判断不一致时，要以正裁判员的最后判定为准进行记录；记分牌显示的分数与记分表不一致时，以记分表为准。

（9）比赛进行中，登记比分，登记两队暂停、换人的次数，不符合规定的暂停请求，轮转顺序错误等，并要及时通知副裁判员。当裁判员判断不一致时，不急于登记，待正裁判员做出最终判断后再做记录。

（四）记录员在比赛结束后的工作职责

（1）记录全场比赛结束时间及比赛结果，认真做好比赛成绩栏内的全部记录工作。

（2）迅速做好全部记录工作并签字，然后请双方队长或教练员签字，再请司线员签字、副裁判员审查签字，最后请正裁判员审查签字。

（3）及时填写好成绩表送交大会编排记录组。

五、司线员

（一）司线员的位置

2 名司线员分别站在球场两端相对的一角，距球场 1 米，各负责两条线（一条边线、一条端线）、一根标志杆和一个发球区。

（二）司线员在比赛前的工作职责

（1）参加准备会，明确职责分工、配合与重点要求，并做好业务与思想上的准备。

（2）准备裁判服装，注重个人仪表。

（3）协助正裁判员检查场地和器材，重点检查标志带与标志杆的位置是否符合规则规定。

（4）准备活动后再次检查标志带、标志杆。

（5）拿好司线旗，准备进入工作岗位。

① 检查司线用旗，并注意旗子要系好扎牢。

② 赛前 1 分钟，拿好小旗，随正裁判员进入工作岗位后，再次检查标志带和标志杆的位置。

（三）司线员在比赛中的工作职责

（1）判断发球队员是否踏及端线和踏越发球区。

（2）判断发出的球是否触及标志杆或从标志杆外过网。

（3）判断界内球、界外球和触身体出界。

（4）对于职责范围内的一切判断，应该及时做出清楚、准确的旗示。

（5）对于协助判断的犯规情况，必须有十分把握才能做出旗示，如球触及障碍物或某队员有严重的不正当行为时，可以摇晃旗子提醒正裁判员。

（6）当正裁判员提出询问时，司线员必须重复旗示或如实报告情况。

（四）司线员在比赛后的工作职责

（1）保管好司线用旗。

（2）在记分表上签字。

第三节　毽球裁判员的工作分配与判罚尺度

一、毽球裁判员的工作分配

（一）分配原则

1. 专业性原则

应安排经过系统培训且实战经验较丰富的裁判承担裁判工作。尤其是关键比赛，须从保证裁判质量出发。

2. 公平性原则

为了使毽球比赛更加公平、公正，每场裁判员的分配要避免与比赛队的关系。代表比赛队单位的裁判员绝不能担任本场比赛的裁判，与比赛队成绩或名次有关的裁判员也不能担任裁判工作。一般应安排“中立”裁判员担任。

3. 培育性原则

虽然重要或关键的场次应安排执裁水平高、经验丰富的裁判员担任，但是为了保证裁判质量同时又能让更多裁判员接受锻炼，所以在保证完成任务的前提下，对有潜质的年轻裁判员可给予学习与锻炼的机会，培育毽球裁判队伍。

（二）分配注意事项

（1）在划分裁判小组时，要考虑各组的裁判水平基本相当，同一个地区或同一单位的裁判员不要集中在一个裁判小组。

（2）比赛第一、二轮裁判任务要安排较高水平的裁判员担任，以便开好头，打开好局面。

（3）对重要场次或主要场地的安排，各组要相对平衡，不要过于集中，也不要搞平均主义。

（4）一名裁判员不要连续担任同一个队的裁判，同时还应避免裁判员与比赛队的关系。

（5）注意正、副裁判员的搭配，有经验的裁判员可安排年轻的裁判员配合；年轻的正裁判员可搭配有经验的副裁判员；也可以安排熟悉的或配合默契的裁判互相搭配。

二、毽球裁判员的判罚尺度

毽球裁判员在判罚时尺度要适宜，在不同情况和不同类型的比赛中，要恰如其分，灵活地掌握尺度。裁判员的判罚标准通常用判罚的正确性、一致性和合理性三个指标来衡量。

（一）准确性

判罚的准确性，是指对单一动作性质判断的准确性。例如，击球时，击球虽在本方场区上空，但随惯性，身体某部位越过球网上沿的垂直面，应判过网犯规。规则对网上击球的要求是非常严格的，当球从网上飞向对方，而球的整体尚未越过球网垂直平面时，本队队员可以将球击回；当球整体越过球网以下垂直平面时，本队队员击球则为过网击球。

（二）一致性

判罚尺度的一致性，是指裁判员在一场比赛中，对运动员、教练员和球队席人员的动作和行为判罚的一致程度。判罚尺度的一致性通常要求裁判员在比赛中做到主副裁一致、主客场一致、整场比赛一致。

（三）合理性

判罚尺度的合理性是指裁判员的判罚应该符合毽球运动的精神，适合毽球运动发展的需要，适合观众欣赏比赛的需要，保证毽球比赛精彩、激烈、公平、完整、流畅、有序，裁判员要掌握好判罚尺度的合理性就必须要贯彻好判罚违例和犯规的处理原则。

第四节　毽球裁判员的协助与配合

一、裁判员在手势上的协作与配合

（1）在比赛过程中，正裁判员要经常注意副裁判员、司线员的动作，观察他们是否发现了在发球时双方有无犯规动作以及球有无从标志杆外过网等情况。判断落点在线附近的球是否出界时，应先观察司线员的旗示，然后做出判定。副裁判员的手势要在旗示之后。副裁判员、司线员发现以上犯规情况时，应立即主动向正裁判员做出手势。

（2）副裁判员要经常和记录员联系，协助记录员登记双方发球次序，特别注意暂停和换人的问题。必要时，副裁判员可到记录台核对某方暂停及换人次数，以及核对查明某队是否有其他犯规情况等。当换人时，正裁判员应适当等待记录员做完登记手续的示意后，再令继续比赛，以免记录发生错误，降低事后查对的难度。

（3）正、副裁判员在手势配合上的注意事项：

① 如果是正裁判员鸣哨终止比赛，他应指出犯规性质、犯规队员（必要时）、应发球的队或队员。副裁判员跟随并重复其手势。

② 如果是副裁判员鸣哨终止比赛，他应指出犯规性质、犯规队员（必要时）、跟随正裁判员指出发球队或队员。正裁判员不用出示犯规性质和指出犯规队员，只指出发球队或队员。

③ 如果是双方犯规，正、副裁判员都要按顺序指出犯规性质、犯规队员（必要时）、应发球的队或队员（副裁判员随同正裁判员）。

（4）比赛中，正裁判员的判断手势要准确，如有改判则应重新做出判定的手势，记录员在未弄清楚情况之前不要急于记录。

二、裁判员在犯规的判罚及处理上的协作与配合

1. 延误换人的判罚及配合

（1）第一种判罚：延误换人判一次暂停。被判罚的暂停不可以进行30秒暂停。

① 副裁判员通知记录台。

② 按照合法的暂停登记在暂停一栏中。

③ 在备注一栏中注明判罚原因。

（2）第二种判罚：超过合法的暂停次数。判失1分。

① 副裁判员通知记录台。

② 对方得1分。

③ 在备注一栏中注明判罚原因。

2. 超过合法暂停次数的判罚及配合

（1）副裁判员通知记录台。

（2）判该队失1分。

（3）在备注一栏中注明判罚原因。

3. 超过合法换人次数的判罚及配合

（1）副裁判员通知记录台。

（2）判该队失1分。

（3）在备注一栏中注明判罚原因。

4. 发球方出现发球次序错误的判罚及配合

（1）记录台鸣哨，通知副裁判员。

（2）副裁判员用位置表确认发球次序错误，并令其恢复正确位置。

（3）正裁判员做出判罚发球次序错误的手势，并指向发球一方。

（4）判对方得1分。

5. 非技术性犯规的判罚及配合

（1）正裁判员出示非技术犯规的手势。

（2）副裁判员通知记录台。

（3）判该队失1分。

（4）记录员在记录表备注一栏中注明判罚原因。

6. 对弃权的判罚及配合

（1）当值正裁判员请示裁判长。

（2）裁判长同意后，裁判员在记录表上签字。

（3）记录员在记录表备注一栏中注明判负的原因。

7. 拒绝在记录表上签字承认比赛结果的处理及配合

（1）对方在记录表上签字。

（2）裁判员在记录表上签字。

（3）比赛成绩有效。

（4）记录员在记录表备注一栏中注明原因。

（5）以书面形式递交仲裁委员会，按相关规定处理。

三、裁判员在比赛中协作与配合易出现的问题及处理方法

（1）速度较快、路线改变不大、轻微的、易判断的触身体出界：副裁判员、司线员在判断准确的情况下，均可示意。正裁判员持有怀疑时，应先观察副裁判员及司线员后，再做出判定。

（2）球在对角线点下落时：

① 看见界外的先打旗。

② 看准的先打旗。

③ 离球点近端的为主出旗。

（3）换人允许与否，延误比赛时间，副裁判员应掌握几个要点：

① 替换的人是否在记录台附近准备好。

② 正裁判员鸣哨发球时或鸣哨后。

③ 换人超过 15 秒。则判该队一次暂停，如该局已暂停 2 次，则判该队失 1 分。

（4）暂停允许与否，副裁判员应掌握几个要点：

① 正裁判员鸣哨发球时或鸣哨后。

② 副裁判员对暂停应有预判。

（5）记录台的速度：

① 正裁判员应了解记录员的业务水平。

② 副裁判员主动与记录台联系。

③ 记录员要主动示意，做到先准后快。

（6）双方同时要求换人及多人次同时换人，副裁判员应掌握几个要点：

① 掌握节奏，以准为主。

② 给记录员准确记录的时间保障。

③ 同时几人次的换人，上场、下场要一个一个进行，替补队员要全部在记录台附近。

④ 先下后上，报清号码，做到以准为主。

（7）发生位置错误或发球次序错误时：

① 副裁判员头脑要清楚、冷静。

② 核对要快速，处理要得当。

③ 恢复正确位置，及时纠正记分牌，中断时间越短越好。

（8）界内球、界外球出现分歧时：

① 明显的错误，正裁判员要坚决改。

② 把握不定的要尊重司线员。

③ 必要时可以询问副裁判员和司线员。

④ 关键分或比赛场面反应较大的处理要慎重。

（9）出示红牌、黄牌时：

① 正裁判员要向被判罚队场上队长说明原因，必要时也要向副裁判员交代清楚。

② 判罚要有理、有利、有节。

③ 非技术性犯规的判罚对裁判配合的要求更高。非技术性犯规出现的比例也较多，这些问题往往发生在关键时刻或突然发生。如果裁判员思想准备不足，对有的情况预料不到，用裁判员之间默契的配合是可以弥补的。因此，裁判员之间的协作与配合是非常重要的，这要求裁判员严格贯彻“廉洁、公正、准确、严肃、认真”十字方针。裁判员要树立增强克服干扰和压力的勇气，严格执法，严格统一判罚尺度，刻苦钻研业务，尽最大努力确保比赛公平、公正地进行，营造纯净的毽球比赛环境。

疑难问题发生后，解决时间应如何掌握。一般情况下，场内外均较混乱，或者反应较大，这时正裁判员要当机立断，交代清楚，力求中断时间不宜过长，如牵涉记录，记录不宜过急。

第五节　副裁判员执裁中常见问题及解决方法

一、副裁判员执裁中常见问题

在历届全国毽球比赛中，副裁判工作存在的问题较多。相当一部分裁判员对副裁判员的职责、工作程序等认识不清，对副裁判员工作的重要性认识不足。一些人认为副裁判员是无足轻重的、可有可无的配角，无非是“收位置表，看个线，把个网”而已，做起来极不认真，漏洞百出。

当今毽球运动正朝着快速、多变的方向发展，攻防的焦点主要集中在网上，并且出现了很多高难的技术动作及新的技战术打法，这就要求裁判员要了解毽球发展的趋势，适应毽球运动发展的需要。一场高水平的比赛，没有理想的、业务上过硬的副裁判员配合，不但任务完成不好，而且还会出问题。副裁判员在一场比赛中，起着上通下达、内外交流信息的枢纽作用。

副裁判员配合得好与不好，直接影响到一场比赛的成与败。正裁判员好比乐队的指挥，副裁判员好比第一小提琴手。副裁判员绝不是可有可无的配角，而是正裁判员的助手。

副裁判员执裁中常见问题有：

（1）缩手缩脚，怕多管闲事、负责任，怕正裁判员否决。特别是关键时刻表态少，有争议时说没看清。

（2）喧宾夺主，乱吹哨，超出了职责范围。

（3）死抱立柱，不抢角度。

（4）在攻防的一瞬间，随球跑造成漏判。

（5）换人、暂停的时机掌握不当。

（6）换人、暂停的工作程序不清。

（7）在判断界内球、界外球时，手势出示过早，造成不一致，出现争议。

（8）当出现位置错误、发球次序错误时，不知如何处理。

二、副裁判员执裁中常见问题的解决方法

1. 熟悉、掌握副裁判员职责以内，必须鸣哨并做出手势的判断

副裁判员主要职责概括为：两条线（限制线、中线），一个网，一个杆（近端），暂停，换人，发球次序错误，接发球方的位置错误。

（1）限制线（限制头球进攻）：根据规则规定，侵入限制区犯规，必须同时具备三个条件——脚踩过限制线、头触球、球过网。

判断侵入限制区时，副裁判员应注意：当队员若用头进攻时，裁判员的视线应先由下再向上，先观察击球队员是否踏线，再观察头是否触球，最后观察球的整体是否进入对方空间。当进攻队员脚踩线，头触球，但球未过网时，则不判侵入限制区犯规。判断时，防止“冒哨”，要掌握好鸣哨的时机。

（2）过中线：比赛进行中，队员身体任何部位越过中线，触及对方场区地面，应判“过中线”犯规。但一只脚或双脚踏及中线，而身体未全部进入对方场区，有一部分还接触及中线或置于中线上空是允许的。也就是说，脚可以踏及中线，但不可越过中线。

（3）触网：比赛中，队员身体的任何部位触及两标志杆以内的球网为触网犯规。判断队员触网时，正、副裁判员之间要有明确分工，密切配合。在攻防的一瞬间，副裁判员主要观察防守一方的拦网。其视线是自下而上，先观察拦网队员的起跳动作是否过中线、是否触网犯规，待拦网队员跳起后，再由上向下观察队员的落地情况，并在网上有短暂的停留。

（4）近端标志杆：球从有效过网区以外飞过或触及副裁判员一侧的标志杆，副裁判员应抢角度，及时鸣哨，不失时机，做出准确判断。

（5）暂停：暂停时机要恰当。当正裁判员鸣哨发球时或发球后，副裁判员不应再鸣哨允许某队请求暂停。暂停的程序为：鸣哨—手势—看表—要球—与记录台联系，掌握和通知暂停的次数—注视双方犯规情况—鸣哨暂停结束—将球递给发球队员。

（6）换人：同样应掌握好时机。当正裁判员鸣哨发球时或发球后，副裁判员不应再鸣哨允许某队请求换人。换人的程序为：鸣哨—手势—看表—要球—站在限制线与边线连接处（面向球网）—协助记录员把上场、下场队员的号码交代清楚—与记录员配合，允许队员上场、下场并出示手势—掌握和通知换人的人次—注意双方有无进行场外指导—示意正裁判员换人结束—将球递给发球队员。

2. 熟悉、掌握副裁判员职责以外，不得鸣哨，只能出示手势的协助判断

(1) 协助判断网上近端队员触身体出界。

(2) 协助判断明显球不过网和五次击球。

(3) 协助判断背对正裁判员明显的持球、连击、手球犯规。

(4) 界外球、界内球的手势要在旗示之后，避免判罚不一致及造成矛盾与争议。

网上球（过网击球、击球过网、拦网过网），副裁判员既不能出示手势，更不得鸣哨。

三、做好副裁判员工作的几个方面

(1) 比赛前，当好管家。检查场地、器材等，检查准备工作，并报告正裁判员。比赛中，要准确地判断。以网、线为中心，选择有利位置，保持清楚的视野。基本位置为离网柱 50~100 厘米为宜。为了选择有利的位置，须稍屈膝以便移动，保持灵活的重心；以保证有利的视角，同时又能迅速转移视线。

(2) 主动配合正裁判员判断的难点：

① 副裁判员一侧的球从标志杆或标志杆延长线以外过网。

② 副裁判员一侧的球触手臂（攻防瞬间防守方队员手无意识触球除外)、触标志杆。

③ 背对正裁判员的连击、持球。

(3) 比赛结束后要做好以下两方面工作：

① 主动征求正裁判员的意见及其他裁判员的意见。

② 征求比赛双方的意见，达到沟通思想、取长补短、提高执裁水平的目的。

（4）哨音及时而响亮，须做到以下两点：

① 做到不鸣则已，一鸣就要使比赛停下来，不能发“丘哨”吹不断比赛，反而干扰了比赛。

② 及时裁，不失时机，不失准确。最好触网要吹在“人在网上”，过中线要吹在“人在线上”。

（5）熟练掌握裁判语言，手势要清楚，做到简练又大方，表明因果关系。

① 交代清楚犯规原因。

② 交代清楚犯规队员的号码。

③ 善于运用手势和眼示回答正裁判员的询问。

（6）副裁判员要善于控制场上情绪，保持清醒的头脑，协调好正裁判员与其他裁判员的工作，协助正裁判员控制好比赛节奏。核对位置要准而快。换人、暂停等工作要处理周到。

总之，副裁判员的工作是较全面的，要求很严格。只有全面掌握所有裁判工作的要点，才能做到配合默契，成为正裁判员的好助手。当正裁判员因故不能继续工作时，副裁判员可以代替正裁判员执裁。

相关链接一　毽球裁判员道德品质要求

作为一名裁判员，不仅要熟悉规则，而且更重要的是对裁判工作和职业道德的重要性要有正确的认识，严格执行规则。

（一）坚持原则，秉公执法

公正是裁判员必须具备的基本条件，也是执行裁判工作的思想基础。只有思想端正、作风正派、熟悉规则、精通业务，才能准确地执行规则，做到不偏不倚，秉公执法。裁判员是场上的法官，他根据事实按照规则做出的判定是最终判定，他有权解释规则和处理比赛中出现的任何争议。因此，裁判员要明确自己的职责，珍惜规则所赋予的权力，在任何情况下都不得感情用事或滥用职权。裁判员在比赛过程中时刻都要以规则为准绳，这是必须遵守的纪律准则和道德标准。这样，才能在执裁工作中做到公正、准确、及时、果断。

（二）认真吹好每一声哨

哨声是裁判员执行判定的信号，它意味着比赛场上提倡什么，反对什么，鼓励什么，限制什么。确切地说，哨音直接关系到运动队作风的培养和技战术的发挥与提高。在关键时刻，有时裁判员的一次误判会影响到比赛的胜负、成绩的优劣和名次的高低。因此，裁判员要重视每一次判定，吹好每一声哨。为了尽快提高我国毽球运动水平，广大运动员和教练员做出了很大的努力，他们渴望在比赛中发挥水平，取得好成绩，获得好名次，因而裁判员执裁要公正、准确。每个裁判员必须对此有深刻的理解，这样，临场裁判员才能兢兢业业、一丝不苟地吹好每一声哨。

（三）正确处理好与运动员之间的关系

裁判员的工作是为比赛服务。端正思想、全心全意为比赛服务，为毽球运动的发展服务，是裁判工作的思想基础。掌握好判罚尺度，公平、公正执裁。

毽球裁判员一定要精力充沛，思路清晰，动作敏捷，反应迅速，手势明确，判罚果断，要能在各种不同性质、规模和气氛下执行好比赛任务。裁判员要不断加强意志品质的培养，才能在面临各种状况时保持清醒的头脑，正确处理好场上发生的各种问题，保证比赛自始至终地顺利进行。

相关链接二　中国毽球协会毽球比赛裁判选派与监督管理实细则

第一章　总则

第一条　为加强裁判队伍建设，严肃赛风赛纪，确保全国各级毽球比赛裁判选派工作公平公正进行，保证裁判任务顺利完成，特制订本《实施细则》。

第二条　本《实施细则》适用于由中国毽球协会主办或组织的全国性毽球比赛。其他毽球比赛参照执行。

第三条　本《实施细则》所指裁判即仲裁员（包括仲裁主任、委员）、裁判长（包括副裁判长）和裁判员。

第四条　凡在处罚期间的裁判，均不得选派执裁比赛。

第二章　裁判选派的基本原则、条件及程序

第五条　裁判选派的基本原则

（一）因岗配人原则：根据竞赛规则设置岗位，选派具有相应岗位执裁经验的裁判。毽球比赛设仲裁主任 1 人、仲裁委员 2 人、裁判长 1 人、副裁判长 2～3 人、执场裁判员 8～12 人，司线员 8～12 人，编排记录员 8～12 人、检录员 1 人、宣告员 1 人。

（二）择优原则：选派技术等级高，具备良好职业道德，在以往比赛中有良好记录的裁判执裁。

全国锦标赛，国家级以及上级别裁判不得少于裁判总数的三分之二。其他比赛，国家级及以上裁判不得少于裁判总数的二分之一。

（三）回避原则：与参赛人员有亲属关系或直接业务关系的裁判实行回避。

（四）就近原则：在同等条件下，优先就近选派裁判执裁。

第六条　裁判选派条件

(一) 仲裁员：具有较高的政治思想水平，精通竞赛规则及裁判通则，并能熟练运用于实践。能正确判断、处理竞赛组织实施过程中的仲裁诉求。具备近两年内2次以上担任全国性或国际性毽球比赛仲裁或裁判长的经历。

(二) 裁判长：具有较高的职业道德素质，较好的组织管理裁判员的能力。其裁判理论水平和实际工作能力能够较好地指导裁判员完成裁判工作。具备近两年内2次以上担任全国性或国际性毽球比赛的裁判长经历，或连续三年担任同一岗位的裁判员，且为国家级及以上裁判员。

(三) 裁判员：具备良好的职业道德水平和较强业务能力，服从管理，公正执裁。具备4次以上担任被选调岗位的执裁经历，或近两年内有过全国性毽球比赛裁判或实习裁判经历，且为毽球一级及以上裁判员。

第七条　选派裁判的程序

(一) 比赛前两个月由中国毽球协会裁判委员会根据竞赛需要提出裁判人员名单，报中国毽球协会。

(二) 名单经中国毽球协会批准后，在协会官方网站上公示，公示期为1周。

(三) 各参赛单位可对公示名单提出意见，并可对公示的裁判提出回避要求。

第三章　裁判队伍纪律要求、监督管理与处罚

第八条　选派裁判的纪律要求

(一) 认真学习竞赛规则与竞赛规程，严格遵守裁判守则，遵守竞赛组委会的各项规章制度。

(二) 各司其职，服从工作安排。按时报到并参加组委会组织的学习培训。因故不能参与执裁的选调人员须在接到通知后3天内向中

国毽球协会请假。

（三）应持裁判员等级证书上岗，比赛结束由裁判长签字确认。无证者不予安排裁判工作。

（四）公正、准确执裁，不得偏袒。比赛期间禁止参加宴请。

第九条　裁判队伍监督管理

（一）合理安排，做好岗前培训。裁判长统筹安排工作方案和裁判分工。赛前由仲裁主任、裁判长组织和实施裁判员的岗前培训。

（二）公开透明、接受监督。裁判长在赛前联席会议或技术会议上对于裁判工作给予清晰说明，组委会、竞委会和仲裁委员会对裁判工作全面监督。

（三）仲裁委员会对临场裁判员的执裁过程进行监督，及时向中国毽球协会提出相关建议。

第十条　违纪裁判的处罚

对违纪裁判的处罚分为警告、取消当场比赛执裁资格、取消裁判资格1~2年、降低裁判技术等级资格、撤销裁判技术等级资格、终身禁止执裁资格。

（一）警告：在赛区工作期间，不遵守比赛纪律；经仲裁委员会认定的明显错判和漏判。

（二）取消当场比赛执裁资格：在赛区有酗酒滋事等不良行为；在同一比赛中受到两次警告；未按规定主动提出临场回避。

（三）取消裁判资格1~2年：经仲裁委员会认定在执裁中多次出现明显错判、漏判等较大工作失误，造成不良社会影响的。

（四）降低裁判技术等级资格：经仲裁委员会认定多次出现明显错判、漏判等重大工作失误，造成较大不良社会影响。

（五）撤销裁判技术等级资格：经仲裁判委员会认定多次出现反判、错判等重大失误，造成比赛场面严重失控，造成恶劣社会影响。

（六）终身禁止执裁资格：经纪检部门或司法机关查实参与收送

钱物、暗箱交易，操控比赛等非法行为的。

第四章　附则

第十一条

中国毽球协会裁判监督举报邮箱：isf_bj@ 126.com

举报电话：010-87183998。

第十二条　本《实施细则》由中国毽球协会负责解释。

第十三条　本《实施细则》自发布之日起生效。

专家解读

1. 一场毽球比赛由哪些裁判组成？

答：一场毽球比赛的裁判由以下成员组成：1 名正裁判员、1 名副裁判员、1 名记录员、1 名记分员、2 名司线员，共 6 人。

2. 正裁判员在什么位置上进行工作？

答：正裁判员坐在球网一端的裁判椅上执行其职责，其水平视线必须在高出球网上沿 40 厘米。

3. 副裁判员在什么位置上执裁？

答：副裁判员站在正裁判员对面，比赛场地外的网柱附近，面对正裁判员执裁。

4. 记录员在什么位置上执行工作？

答：记录员坐在正裁判员对面的记录台处，面对正裁判员执裁。

5. 司线员在什么位置上执行工作？

答：司线员应站在球场区两端相对的一角，距场角 1 米。

6. 裁判员确认犯规发生后，应如何执裁？

答：裁判员确认犯规发生后，必须及时鸣哨中止比赛，然后立即以法定的手势表明犯规的性质、犯规的队员及应发球的队。

7. 正裁判员的主要职责是什么？

答：（1）比赛前：应认真检查场地、器材和比赛用球；主持两队抽签，并掌握两队的准备活动。

（2）比赛中：应对不良行为和延误比赛进行判罚，并负责对发球犯规、发球掩护、击球犯规以及对高于球网和球网上部犯规的判定。

（3）比赛后：主持退场仪式和检查记录表上所登记的情况，并最后签字确认。

8. 当正裁判员不能继续工作时，由谁来代替？

答：副裁判员是正裁判员的助手，当正裁判员不能继续工作时，副裁判员可以代替正裁判员执裁。

9. 比赛中记录台工作由谁掌管？

答：副裁判员负责掌管记录台的工作。

10. 比赛中球队席上的球队成员和准备活动区中的队员由谁掌管？

答：由副裁判员掌管。

11. 哪些人可以在球队席上就座？

答：在正式比赛中，只有如下成员可在球队席就座：三人赛只允许 1 名教练员，3 名登记在记录表上的队员；双人赛、单项赛只允许 1 名教练员。

12. 当场上裁判员判断不一致时，由谁做出最终判定？

答：规则赋予正裁判员自始至终领导该场比赛的权力，正裁判员可以对所有裁判员和比赛队成员行使权力。因此，当场上裁判员判断不一致时，正裁判员的判定是最终判决。

13. 正裁判员是否可以改正其他裁判员的判断？

答：可以，当正裁判员发现其他裁判员的判断错误时，正裁判员有权改变其判断。

14. 比赛中遇到规则中没有规定的问题怎么办？

答：正裁判员有权决定涉及比赛的一切问题，包括规则中没有规定的问题。

15. 比赛中由谁来回答场上队长提出的问题？

答：当场上队长提出问题请求解释时，应由正裁判员负责回答。

16. 正裁判员如何回答场上队长提出的请求？

答：当场上队长提出请求时，正裁判员应对其判定所依据的规则和规则执行给予解释，但不允许对场上队长判定进行任何争辩。如果场上队长立即表示不同意正裁判员的解释，并提出保留在比赛后对此提出正式抗议的声明，正裁判员必须给予允准。

17. 当某队第二次暂停和第三次换人时，副裁判员应做哪些工作？

答：当某队第二次暂停和第三次换人时，副裁判员应将情况报告给正裁判员，并提醒有关队教练员。

18. 副裁判员应在什么时候向正裁判员报告双方暂停和换人情况？

答：副裁判员应在比赛间断时，用手势清楚地向正裁判员报告双方暂停和换人的情况。

19. 场上队员受伤时，应由谁负责处理？

答：场上队员受伤时，通常由副裁判员负责进行处理。副裁判员可以允许替换，也可以给受伤队员合规的恢复时间。

20. 换人时，副裁判员应在什么位置上？

答：某方换人时，副裁判员应迅速移动到换人方一侧的换人区边缘，通常位于限制线与边接交换处，面对球场，组织上下场队员的交换。

21. 副裁判员在什么时候检查场上位置是否正确？

答：副裁判员在每局开始时，决胜局交换场地，以及任何必要的时候，应检查场上位置是否正确。

22. 副裁判员对哪些犯规可以鸣哨并做出手势？

答：在比赛中，副裁判员对以下犯规可以鸣哨并做出手势：

① 接发球方位置错误。

② 球侵入限制区、球触及障碍物。

③ 球从网下穿越进入对方场区和空间。

④ 运动员触及球网和副裁判员一侧标志杆。

⑤ 球从过网区以外过网或触及副裁判员一侧的标志杆。

⑥ 其他人或者物体进入场地内。

⑦ 暂停或者换人。

⑧ 发现队员受伤，准许进行替换或给予治疗恢复时间。

23. 副裁判员对哪些犯规只能出示手势不得鸣哨?

答：在比赛中，副裁判员对以下犯规只能出示手势不得鸣哨：

(1) 协助判断网上近端队员球触身体出界。

(2) 协助判断球明显不过网和五次击球。

(3) 协助判断背对正裁判员的明显持球、连击、手球等犯规。

(4) 界内外球的判断手势要在旗示之后，避免判罚不一致及造成矛盾。

24. 记录员的职责是什么?

答：(1) 记录员在比赛前和每局前的职责：

① 按照规定程序登记有关两队比赛的情况，并取得双方队长和教练员的签字。

② 根据位置表登记各队上场阵容。如果记录员没有按时接到位置表，应立即通知副裁判员。

③ 除裁判员外，上场阵容不得让任何人得知。

(2) 记录员在比赛中的职责：

① 记录得分，核对记分牌上的比分是否正确。

② 掌握各队发球次序。发现发球次序错误，应在发球击球后立即通知裁判员。

③ 掌握并记录暂停和换人次数，并通知副裁判员。

④ 对不符合规定的间断请求，要通知裁判员。

⑤ 每局结束和决胜局 10 分或 8 分时，向裁判员宣布。

⑥ 记录“警告”和“判罚”的判处。

(3) 记录员在比赛结束时的职责：

① 登记最终结果。

② 自己在记录表上签字后，依次取得双方队长（或教练）、裁判员的签字。

③ 如果出现提出抗议的情况，记录或允许队长将有关抗议的问题写在记录表上。

25. 记录员在何时取得双方教练员和队长的签名？

答：比赛开始前，记录员必须通过副裁判员请双方教练员到记录台核查各队成员的登记情况，并签名认可。比赛结束后，还应请双方队长签名，承认比赛结果。

26. 记录员如何登记各队上场阵容？

答：记录员根据挑边的结果，把记录台左侧场地的队填在记录表的左边，把记录台右侧的队填在记录表的右边。双方队员的位置三人赛从 1 号位到 3 号位的顺序，双人赛从左到右分别为 2 号位和 1 号位的顺序，依次填在发球次序栏内。

27. 三人赛每局开始时发球和接发球如何记录？

答：三人赛每局开始时，发球队在 1 号位队员的发球轮次栏里面画“√”，表示该队员在该队中第一个发球；然后接发球在 1 号位队员的发球轮次栏里画“×”，表示该队员第一轮不发球，而由取得发球权后，轮转到 1 号位的队员发球。

28. 某队得分时，如何登记？

答：某队得分时，用“/”在该队的得分栏里划掉相应的数字。当该队失去发球权后，应将该队所得分数填写在发球队员的发球轮次栏内，表示该队员发球结束后，该队共得多少分。

29. 比赛中换人如何登记？

答：某队请求换人时，应将替补队员号码填写在被替换下场队员号码下面的方格内，同时在替补队员号码右方的比分格内，记上换人时两队的比分，将要求换人一方的分数写在前面，并在当时掌握发球权一方的比分上角画“√”。

30. 比赛暂停如何登记？

答：某队请求暂停时，就在该队累计积分栏内的下方，暂停次数栏下面的小格内写上“下”，然后记上暂停时两队的比分，要求暂停队的比分写在前面，并在当时获得发球权一方的比分画“√”。

31. 每局结束时的比分如何登记？

答：每局结束时，应将双方得分栏中剩余的分数划掉，在发球次序栏里，用圆圈将双方最后的比分圈起，以显示双方在该局比赛结束时的比分。

32. 换人时记录员应使用什么手势？

答：某队要求换人时，记录员应迅速确认替换是否合法，然后举起一只手向裁判员示意允许换人。当换人登记完毕后，应举起双手示意比赛可继续进行。

33. 教练员将上交的位置表要回去修改，行吗？

答：不行。位置表一经交出就不允许再改动。

34. 记录员在什么时候必须核对场上队员的位置情况？

答：记录员在每局开始前及决胜局交换场地后，必须根据位置表核对场上队员的站位是否正确，如有错误应立即报告裁判员。

35. 记分牌显示的分数与记分表不同应以谁为准？

答：应以记分表为准，记分表是场上比赛情况的唯一依据。

36. 决胜局交换场地后如何记录？

答：首先应将记录表上左侧的上场队员位置原样移至右侧的记录

表中，同时在左侧队累计积分栏内该对所得分数的下面画一横杠（即“—”），表示换场前所得分数。在后半局记录栏累计积分栏内将换场前所得的分数用竖线（即“|”）划掉，换场后的得分在竖线以下记录。

37. 司线员如何分工？

答：他们各自负责自己一侧的端线和边线，一根标志杆和一个发球区。

38. 司线员如何执行其职责？

答：司线员应使用司线旗按照规定的旗示执行以下职责：

（1）球落在他们所负责线附近时，示以“界内”或“界外”。

（2）对触及身体后出界的球示以“触身体出界”。

（3）示意球从过网区外过网或触及标志杆。主要由距球飞行路线最近的司线员负责。

（4）示意发球队员脚的犯规。

39. 司线员如何回答正裁判员的询问？

答：当正裁判员询问时，司线员必须面向正裁判员重复旗示。

40. 司线员可以坐在小凳子上执行工作吗？

答：不行，司线员应站着执行工作，而且无障碍区也不允许放小凳子。

41. 做好司线员工作的四句要点是什么？

答：四句要点是：加强预判，抢好角度，看线等球，出旗果断。

42. 毽球比赛正裁判员的权威性及行使的职权如何体现？

答：（1）正裁判员自始至终领导该场比赛，对所有裁判员和队的成员行使权力。比赛中，正裁判员的判定是最终判决。如果发现其他裁判员的错误，正裁判员有权改判。正裁判员甚至可以撤换不称职的裁判员。

（2）正裁判员有权决定涉及比赛的一切问题，包括规则中没有规定的问题。

(3) 正裁判员不允许对其判定进行任何讨论和争辩。但当场上队长提出请求时，正裁判员应对判定所依据的规则和规则的执行给予解释。如果场上队长表示不同意正裁判员的解释，并立即声明保留比赛结束后将声明写在记分表上的权利时，正裁判员必须准许。

(4) 比赛前和比赛中，正裁判员负责决定赛场条件是否符合比赛要求。

(5) 正、副裁判员出示手势先后的工作程序：

① 如果是正裁判员鸣哨中止比赛，正裁判员应指出：犯规的性质、犯规队员（必要时）、应发球的队，副裁判员跟随并重复其手势，副裁判员不要抢正裁判员的手势。

② 如果是副裁判员鸣哨中止比赛，副裁判员应指出：犯规的性质、犯规队员（必要时）、跟随正裁判员指出发球队，副裁判员不要抢正裁判员手势。正裁判员不用重复出示犯规性质和指出犯规队员，只指出发球队。

③ 如果是双方犯规，正、副裁判员都要按顺序指出：犯规的性质、犯规队员（必要时）、应发球的队伍（随同正裁判员出示手势），副裁判员不要抢正裁判员的手势。

第四章 毽球裁判员的哨音与手势

第一节　毽球裁判员的哨音

哨音要有节奏，轻重有别，长短有序，鸣哨要及时，哨音要果断、洪亮。所谓及时就是反应快，有的裁判员在球落地后还不及时鸣哨，这就显得不够果断，犹豫不决。裁判员的哨音要响，赛前要检查口哨，在紧张激烈的比赛中，人声嘈杂，听不清哨声是会影响运动员情绪的。

发球失误或者发球得分时，哨音要清晰、短促。

请求暂停、换人和宣布准备活动开始与结束时，哨音要长。

赛前召集双方队长，比赛开始与结束时，哨音要一长一短。

提醒运动员或者教练员时，可以连续鸣哨两声短哨。

要减少不必要的重复鸣哨，正、副裁判员所用的哨子最好不同，以便区分不同裁判员的鸣哨。

第二节　毽球裁判员的手势

一、毽球裁判员手势的注意事项

毽球裁判员的手势是他对比赛情况做出判定的表达方式，是裁判语言，因此，对于手势应有严格而统一的要求，即按规则规定的方法去做。

1. 手势要准确

手势必须符合规则的规定，采用法定的手势。准确就是要规范化，按图示来做，不要任意改变，或添加或减少，不要有附加动作。手势要经常练习，运用时才能规范、大方。

2. 手势要及时、果断

裁判员一经鸣哨，必须立即做出明确的手势，手势要简练、快速、干净、利落，不要犹豫不决或动作僵硬不协调。

3. 手势要交代清楚

（1）正裁判员的手势应有节奏，首先指明球的性质，然后再指明某方得分或者失分，由哪方发球。

（2）正裁判员做出手势后，临场的其他裁判员都相互注视。判断不一致时，无论是改判还是维持原断，正裁判员都必须做出最后的判定手势，其他裁判员不得坚持己见。

（3）正裁判员做出手势后，一定要有停顿，以便其他裁判员、运动员、教练员和观众看得清楚。

（4）副裁判员在判定其职权之内的犯规时，应当慎重，最好采用示意的办法，如果正裁判员已示意未予采纳，则副裁判员不得坚持自己的判断和手势。

二、毽球裁判员手势及司线员旗示图解

1. 毽球裁判员手势

（1）允许发球：挥动发球队一侧手臂（图 4-1）。

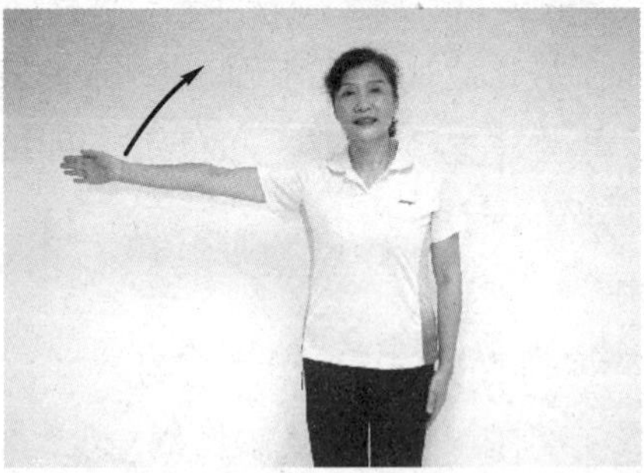

图 4-1　允许发球

（2）得分或发球权：一手侧平举，指向得分一方/或发球队一方（图 4-2）。

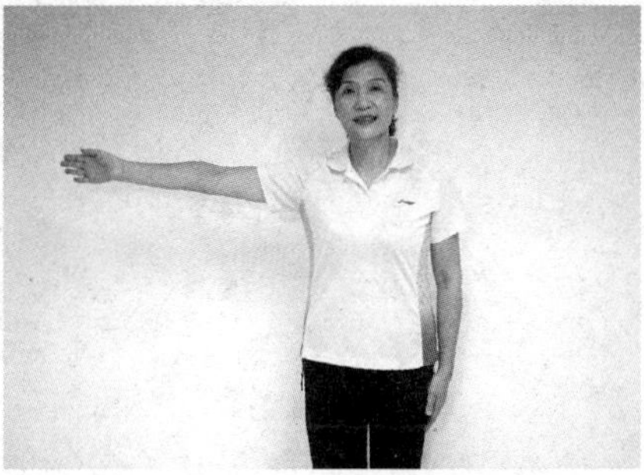

图 4-2　得分或发球权

（3）界内：一臂斜下摆，手指斜下指（图 4-3）。

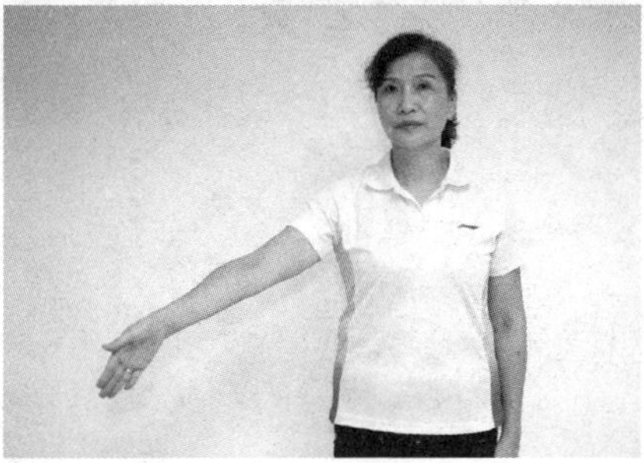

图 4-3　界内

（4）界外：两臂屈肘上举，手指并拢，掌心向后摆动（图 4-4）。

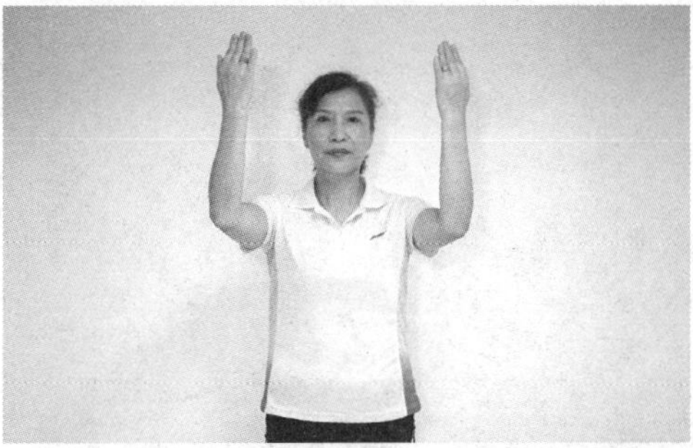

图 4-4　界外

（5）触身体出界：一臂于额前屈肘抬起，另一手手指向上、掌心向后，屈臂，摩擦手指（图 4-5）。

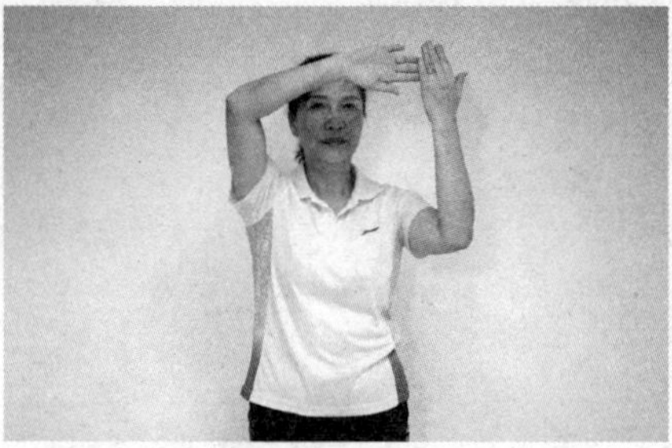

图 4-5　触身体出界

（6）手球犯规：一手指向另一手肘（图 4-6）。

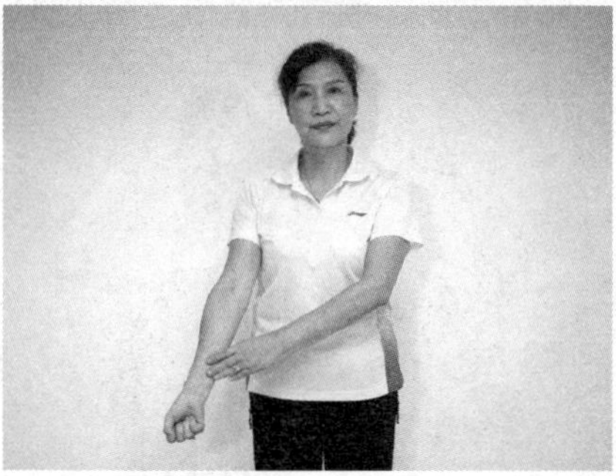

图 4-6　手球犯规

（7）发球犯规：一臂斜下举，掌心向下，指尖指向发球区，并左右摆动（图 4-7）。

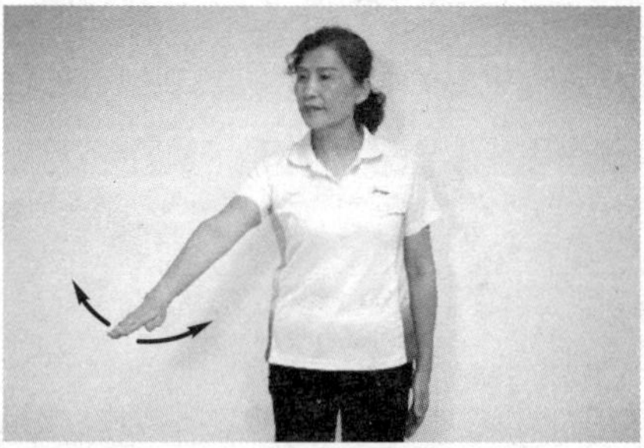

图 4-7　发球犯规

（8）掩护发球犯规：两臂屈肘，掌心向前（图 4-8）。

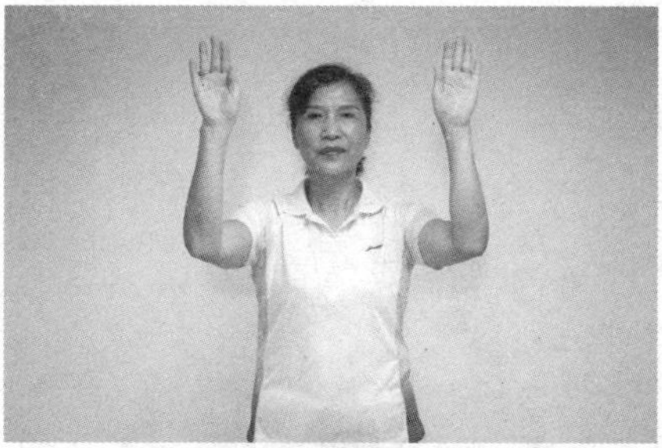

图 4-8　掩护发球犯规

（9）球从网区外飞过或触标志杆：一手食指指标志杆（图 4-9）。

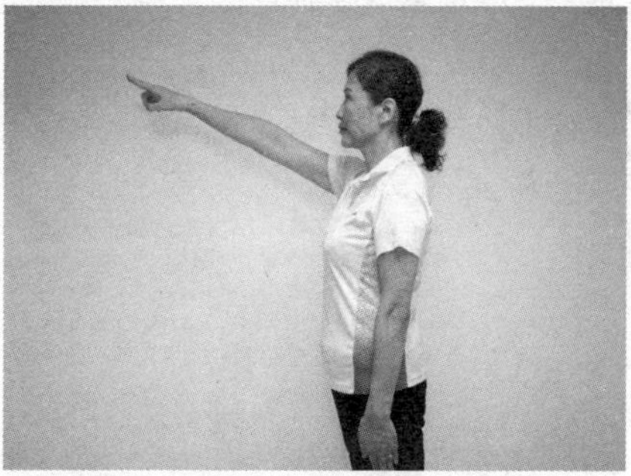

图 4-9　球从网区外飞过或触标志杆

（10）四人次击球：一臂屈肘举起，伸出四个手指头（图 4-10）。

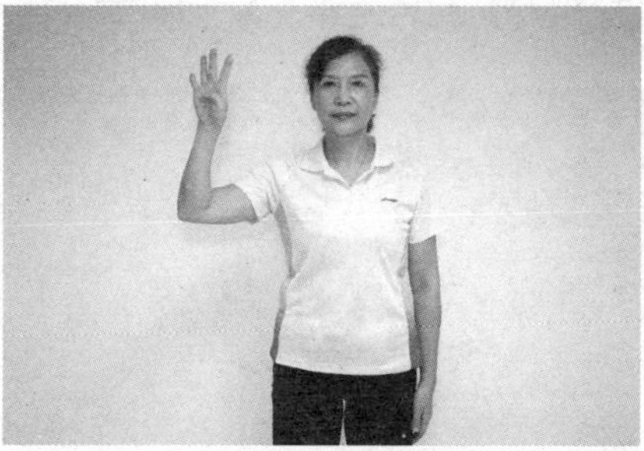

图 4-10　四人次击球

（11）五次击球：一臂屈肘举起，伸出五指（图 4-11）。

图 4-11　五次击球

（12）过网犯规：一手前臂放置在球网上空，掌心向下（图 4-12）。

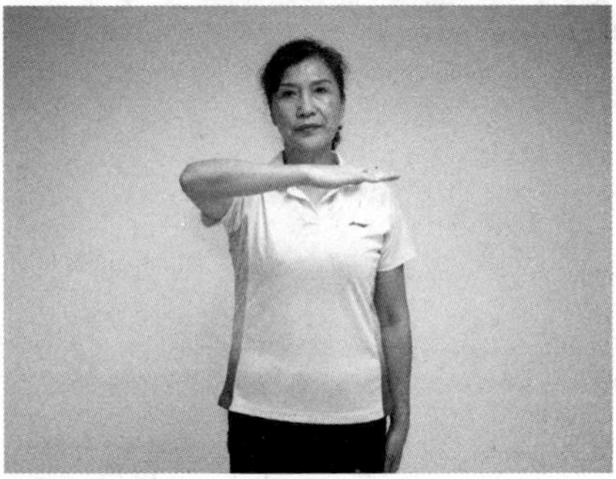

图 4-12　过网犯规

（13）拦击发球犯规：两臂上举，掌心向前（图 4-13）。

图 4-13　拦击发球犯规

（14）侵入对方场区：一手食指指中线（图 4-14）。

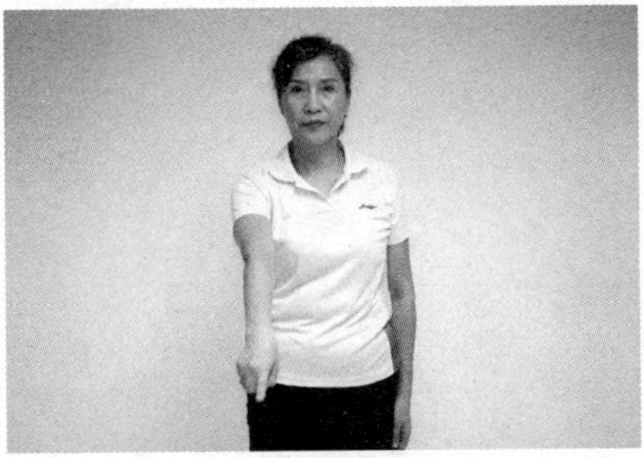

图 4-14　侵入对方场区

（15）持球：一臂屈肘慢慢举起，掌心向上（图 4-15）。

图 4-15　持球

（16）连击：一臂屈肘举起，伸出食指和中指（图 4-16）。

图 4-16　连击

（17）一局结束：两臂屈肘在体前交叉（图 4-17）。

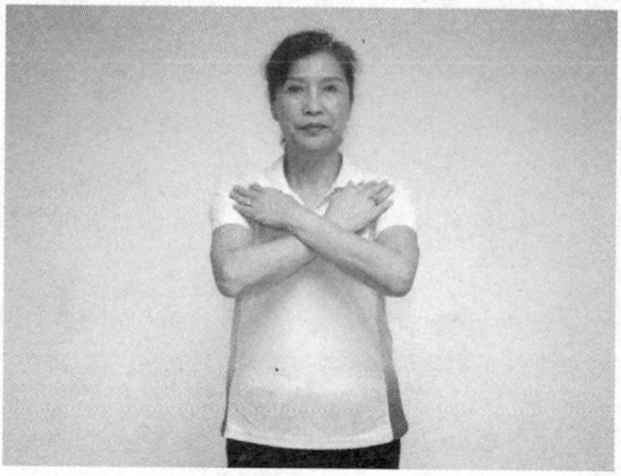

图 4-17　一局结束

（18）发球时未抛起：一手臂前平举，掌心向上，上下摆动（图 4-18）。

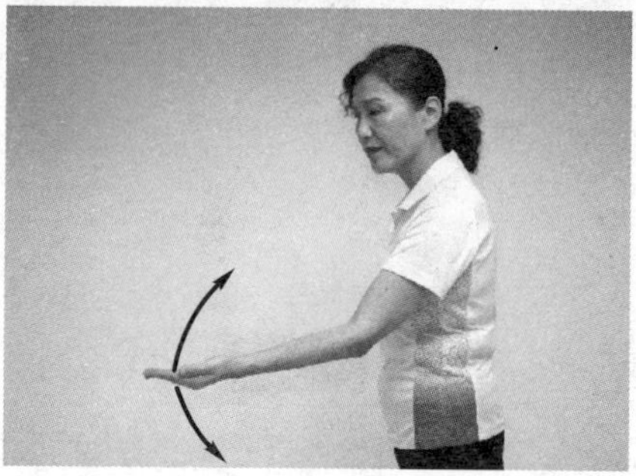

图 4-18　发球时未抛起

（19）发球时 5 秒违例：一手屈肘侧举，五指分开（图 4-19）。

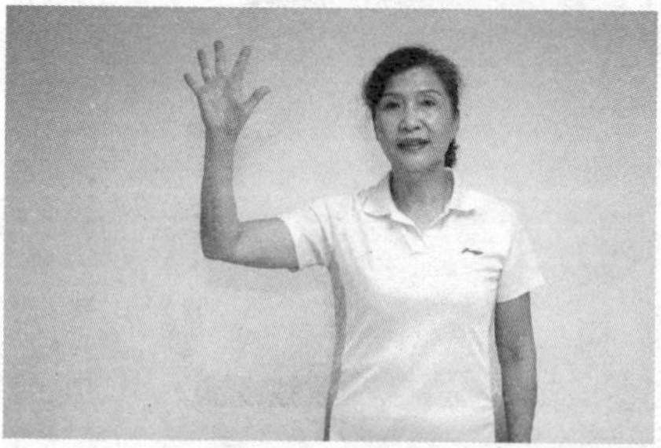

图 4-19　发球时 5 秒违例

（20）触网犯规：一手触网顶或触球网（图 4-20）。

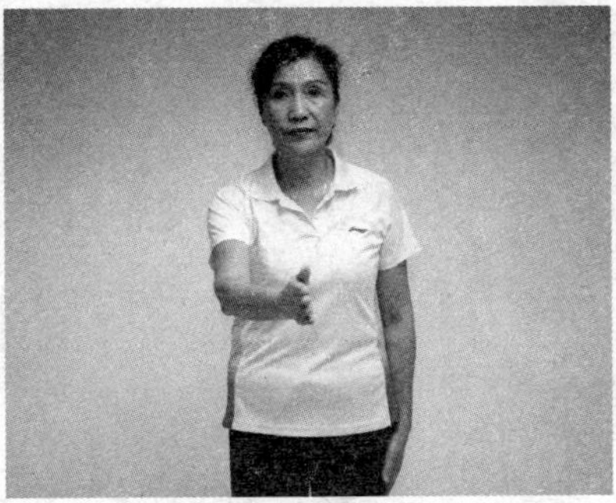

图 4-20 触网

（21）重新发球或者双方犯规：两臂屈肘抬起，竖起大拇指（图 4-21）。

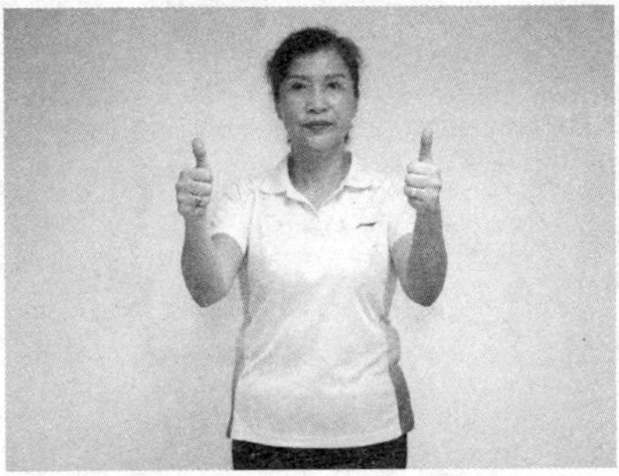

图 4-21 重新发球或者双方犯规

（22）暂停：一臂屈肘抬起，另一手手掌放在该手指尖上（图 4-22）。

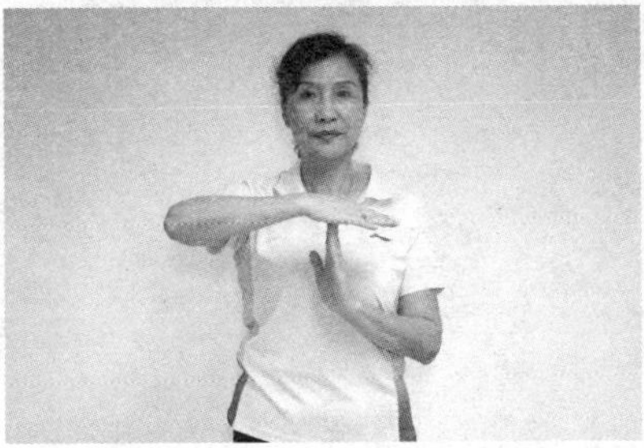

图 4-22 暂停

（23）换人：两臂屈肘于胸前环绕（图 4-23）。

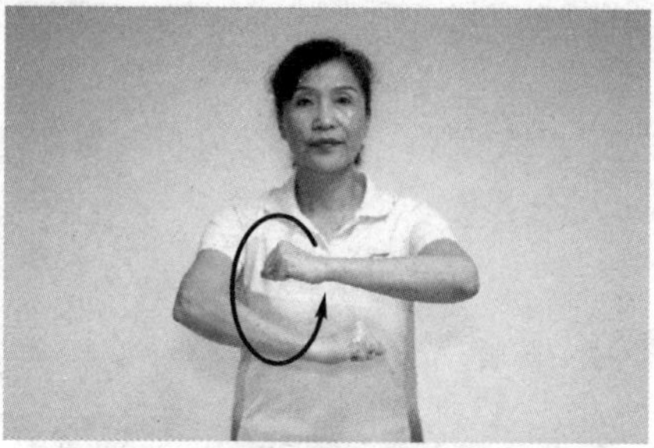

图 4-23　换人

（24）位置错误：一手指在体前逆时针水平环绕（图 4-24）。

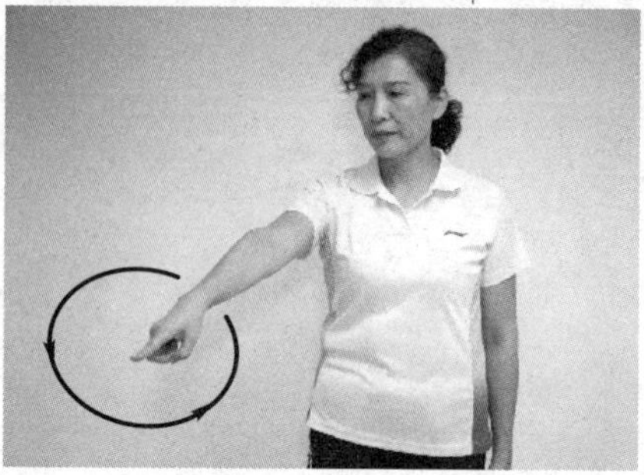

图 4-24　位置错误

（25）球触障碍物：两臂屈肘抬起，两手手指在胸前相触（图 4-25）。

图 4-25　球触障碍物

（26）侵入限制区：一手指向限制线，上下摆动（图 4-26）。

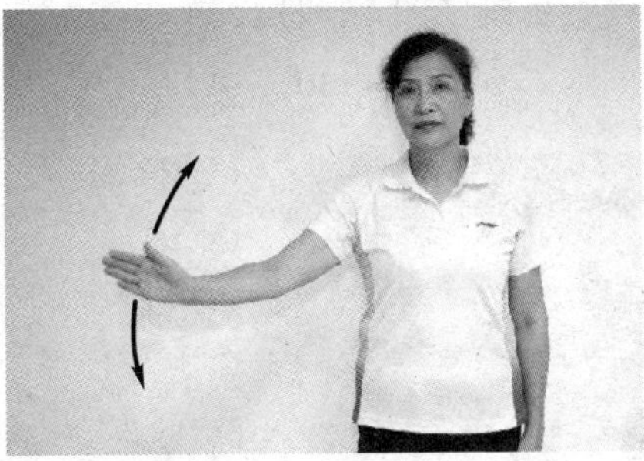

图 4-26　侵入限制区

（27）警告：持黄牌为警告（图 4-27）。

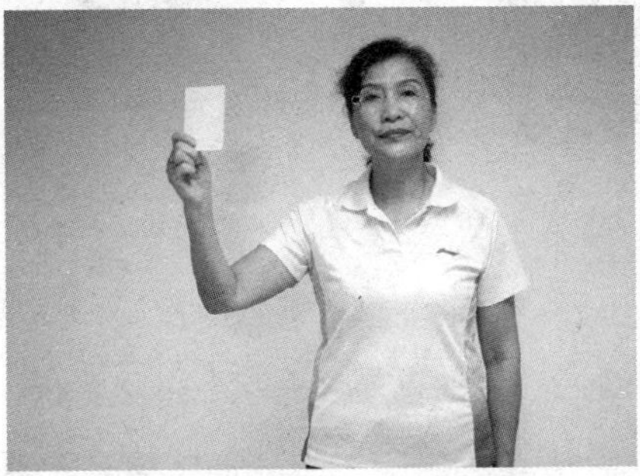

图 4-27　警告

（28）取消比赛资格：持红牌为取消比赛资格（图 4-28）。

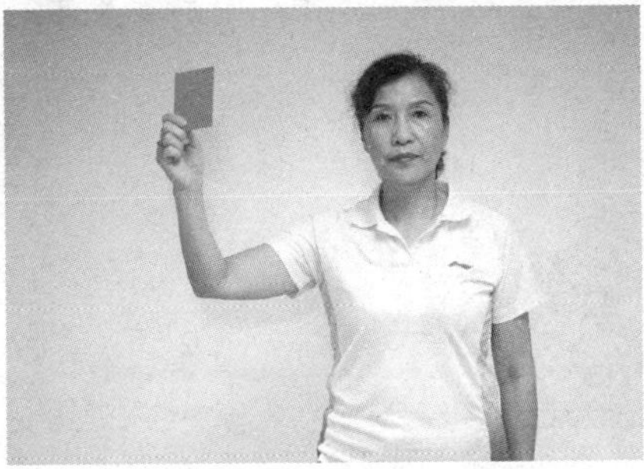

图 4-28　取消比赛资格

2. 司线员旗示图解

（1）界外：向上示旗（图 4-29）。

（2）界内：向下示旗（图 4-30）。

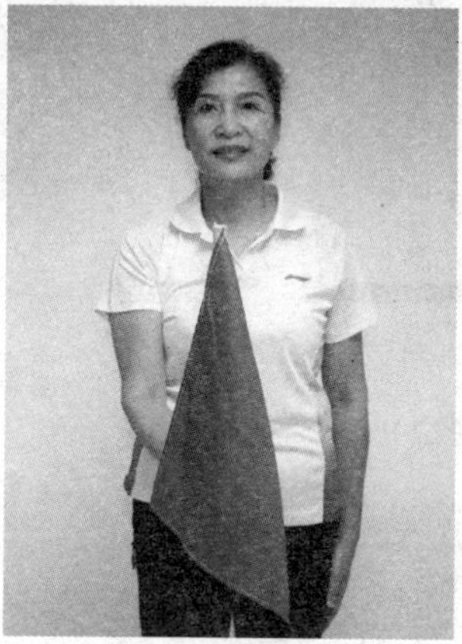

图 4-29　界外

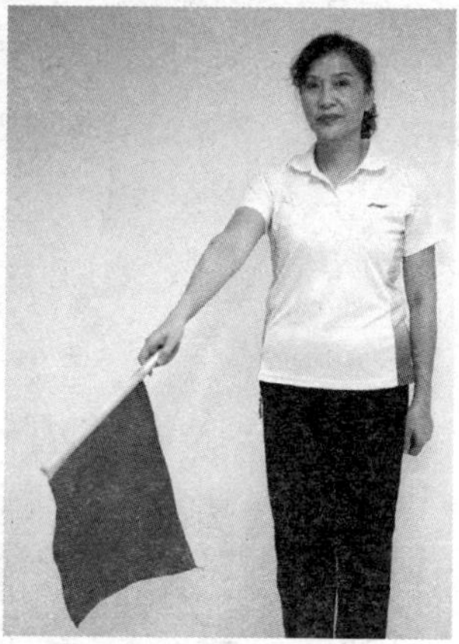

图 4-30　界内

（3）触身体出界：一手举旗，手掌摩擦旗杆顶端（图 4-31）。

（4）发球犯规：一手举旗，一手向下指向端线（图 4-32）。

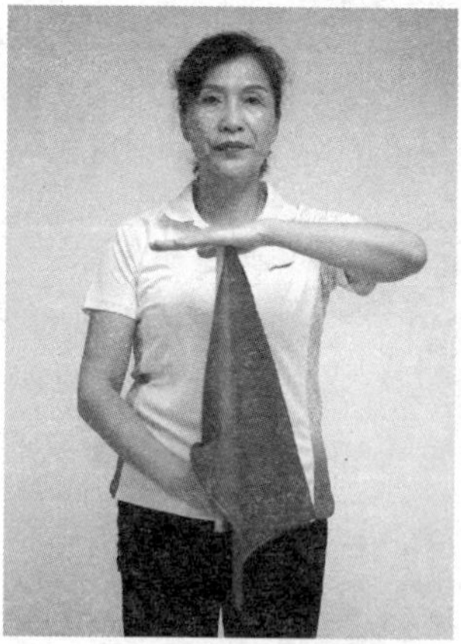

图 4-31　触身体出界

图 4-32　发球犯规

（5）球从网区外飞过或者触标志杆：一手举旗，另一手平举指向同侧标志杆（图 4-33）。

图 4-33　球从网区外飞过或者触杆

专家解读

1. 裁判员做手势时要注意哪些问题？

答：裁判员做手势时要做到：准确规范，及时果断，清楚明了。

（1）准确规范：就是必须采用规则规定的手势，严格地按规则的图示和说明来规范手势动作，并运用手势准确地表达对场上情况的判断。

（2）及时果断：就是要求裁判员鸣哨之后，必须立即做出明确手势，动作要干净利落，不能犹豫迟缓，表现出对判断有把握、有信心。

（3）清楚明了：就是指手势要按照规则规定的程序交代清楚，让运动员和观众都能明白裁判员的判定。另外，手势应有短时间的展示，让所有人都能看清楚，不可拖泥带水一扫而过。

2. 发球时，正裁判员如何掌握鸣哨发球的时机？

答：正裁判员检查发球队员已站在发球区内握球在手，并且双方队员已做好比赛准备时，即人到，球到，双方站好，则鸣哨允许发球。

3. 司线员发现发球队员踏线犯规怎么办？

答：司线员应举起旗子左右晃动，并以另一手指向端线向裁判示意。

4. 司线员发现发球从非过网区通过或触及近端的标志杆时怎么办？

答：司线员发现发球从非过网区通过或触及近端的标志杆时，应一手举旗晃动，另一手指向标志杆，向裁判示意。

第五章

毽球比赛犯规判断

第一节　发球犯规判断

一、发球击球时的犯规

（一）发球次序错误

比赛中，某队未按照记分表上所登记的发球次序发球为发球次序错误。三人赛中，取得发球权队的3名场上队员必须按顺时针方向轮转一个位置，由轮到后排的1号位队员发球。

记录员在比赛中负责对每一发球轮次进行核对，发现发球次序错误，立即鸣哨示意并及时报告副裁判员，再由副裁判员通知正裁判员，最后由正裁判员做出判罚及处理。

发球次序错误时，处理方法如下：

（1）队员恢复到正确的位置。

（2）对方得1分并获发球权。

（3）记录员必须准确地确定发球次序错误从何时发生，如果发球次序错误已造成得分，应取消在发球次序错误过程中的所有得分，但对方得分仍然有效。

（4）判发球次序错误队失1分并换由对方发球。

（5）如已得分，而又不能确定其发球次序错误从何时发生，则仅给以一次犯规的判罚，即失1分并换由对方发球。

（二）发球区外发球

发球队员在发球区不受位置错误的限制，但在队员发球击球时或跳发球起跳时，踏及场区或发球区以外地面为发球区外发球犯规。击球后，发球队员可以踏及场内或发球区外。

发球区外发球犯规由正裁判员及负责端线的司线员共同判定。判犯规队失 1 分并换由对方发球。

（三）发球 5 秒

正裁判员鸣发球哨后 5 秒钟内，发球队员未将球击出，即发球 5 秒犯规。正裁判员在鸣哨允许发球后应默数，计算 5 秒。判犯规队失 1 分并换由对方发球。

二、发球击球后的犯规

（一）发出的球触及发球队队员或未能通过球网垂直面

此犯规由正裁判员判定，判犯规队失 1 分，并换由对方发球。但发球时，如球触网并进入对方区内，则比赛继续进行。

（二）界外球

发球出界的队应判失 1 分，并换由对方发球。以下情况为界外球：

（1）发出的球的整个落点完全在场区界线以外的地面上。

（2）发出的球触及场外物体、天花板或非比赛成员等。

（3）发出的球触及标志杆、网绳、网柱或标志杆以外的球网部分。

（4）球的整体或者部分从标志杆以外过网。

界外球由正、副裁判员与司线员共同负责判定。地面上的界外球主要由司线员负责判定。由于边线、端线的宽度包括在场区内，判断地面界内外球的依据是球的落点，司线员在不同的角度得到不同的视觉反应，因此要求裁判人员必须精力集中，加强预判，看线等球，从而做出正确的判断。

对“球的整体或者部分从标志杆以外过网”的判断，要求正、副裁判员和司线员密切配合。球在正裁判员一端时，正裁判员要移动，后撤身体位置至来球一方，注意观察球的过网点，距离球飞行路线最近的司线员也应注意判断。如果球在副裁判员一端时，副裁判员应跑到来球一方场区的进攻线附近，面向标志杆，注意观察球的过网点，司线员同样应该协助判断。

（三）发球掩护

任何一名发球队的队员，以挥臂、跳跃或者左右晃动等动作妨碍对方接发球，而且发出的球从他的上空飞过，则构成个人掩护。发球队有两名或更多队员密集站立遮盖发球队员，而且发出的球从他们的上空飞过，则构成集体掩护。

判断发球掩护的要点是发球队队员是否形成屏障，并确实起了掩护发球的作用。发球掩护犯规由正裁判员判断，判犯规队失 1 分并换由对方发球。

第二节　位置错误犯规判断

判断位置错误犯有三种方法：

（1）对于发球方来说，以登记站位位置表为主，在击球发球的一瞬间，记录台判断发球位置是否正确，如不是按位置表顺序发球的队员发球，记录员会鸣笛，说明发球队员位置错误。这时，主裁判员鸣哨，判发球方位置错误，失 1 分，接发球方得 1 分。

（2）当主裁判员吹哨示意发球方队员发球的一瞬间，副裁判员观察接发球方站位是否正确。如果后排 1 号位队员站位比 3 号位队员和 2 号位队员更接近球网，或者比左边队员更接近左侧边线，或者比右边队员更接近右侧边线，则副裁判员鸣哨，主裁判员判接发球方位置错误，失 1 分，发球方得 1 分。

（3）发球区 2 米向场内延长线区域为发球无人区。发球瞬间，2

号位和 3 号位队员必须站在无人区以外。否则，判掩护发球，接发球方得 1 分。

第三节　击球时犯规判断

一、四次击球

一个队连续触球 4 次（拦网一次除外）为四次击球犯规。

判断时应注意：

不论队员主动击球还是被动触及球，均算作该队员击球一次。当同队的两名（或三名）队员同时触球时，被计作两次（或三次）击球（拦网除外）。如果两人同时去击球，但只有一名队员触球，则只计一次击球。

二、持球

球必须击出，不得接住或抛出，击出的球可以向任何方向弹出。

判断时应注意：

（1）必须清楚击球与持球之间的区别，击球是一个单一的动作，而持球犯规是使球停滞再将其抛出。

（2）进攻性击球时，吊球是允许的，但击球必须清晰，没有推压动作。

（3）有明显的身体部位停顿。

三、连击

一名队员连续击球两次或球连续触及身体的不同部位（拦网一

次和第一次击球时除外）为连击犯规。

判断时应注意：

（1）在第一次击球时，允许身体不同部位在同一动作中连续触球，不判连击。第一次击球指的是接发球，接所有从对方击过来的球（不仅是扣球），接对方拦网击回的球，接触本方拦网队员后的球。

（2）在第二、三次击球时，就应特别注意判断是否造成连击犯规。

（3）在判断连击犯规时，要排除在拦网动作中球迅速而连续触及一名或更多拦网队员的情况。拦网后即使是拦网触过球的队员仍然可再做第一次击球。

（4）判断连击犯规以视觉判断为主，要看清击球一瞬间是否造成连击犯规，而不必考虑击球前、击球后的动作。

四、借助击球

队员在比赛场地以内借助同伴或任何物体的支持进行击球，为借助击球犯规。

判断时应注意：

一名队员可拉住或挡住另外一名即将造成犯规的同队队员（如触网或过中线等）。队员击球后被同队队员拉住或者队员击球后触及网柱、挡板等不算借助击球犯规。

五、同时击球

双方队员或同队队员是可以同时触球的，如果是两名不同队的队员在网上同时触球，比赛继续进行，获得球的一方仍可击球 3 次。

判断时应注意：

（1）双方队员在球网垂直上空同时击球后，球沿网纲滚出触及标志杆，则判双方击球出界，重新发球。

（2）球在球网垂直上空，双方队员同时触球造成“持球”，则判“双方犯规”，该球重新发球。

（3）如果一队第三次击球后，球飞向球网垂直上空，这时双方队员同时触球，则判该队四次击球犯规。

上述击球时的各种犯规均由正裁判员负责判定，当正裁判员出现明显漏判时，副裁判员可以用手势示意，但是不得鸣哨，也不得坚持自己的判断。击球犯规的队均判失 1 分并失球权。

第四节　球网附近犯规判断

一、过网击球

甲方进行进攻性击球前或击球时，乙方在甲方空间触及球，应判乙方队员过网击球犯规。判断过网击球犯规的依据是击球点是否在对方场区空间。如果击球点尚在本方场区上空，击球后身体其他部位过网则不判过网击球犯规。

过网击球犯规由正裁判员负责判定，当正裁判员出现明显漏判时，副裁判员可以用手势示意，但不得鸣哨，也不得坚持自己的判断。过网击球犯规的队被判失 1 分并换由对方发球。

二、过中线

比赛进行中，队员整个脚、整个手或身体其他任何部分越过中线并接触对方场区时，为过中线犯规。

如果队员一只（两只）脚或一只（两只）手未完全越过中线触及对方场区，同时，其余部分还接触中线或置于中线上空是允许的，不判过中线犯规。比赛中断后队员可以进入对方场区，因此必须清楚地判断是先成死球还是先过中线。

过中线犯规由正裁判员主要负责判定，发现犯规后立即鸣哨并做出手势。副裁判员同样有权判定。判犯规队失 1 分并换由对方发球。

三、触网

比赛进行中，任何队员触及球网、标志杆和标志带均为触网犯规。但队员在未试图进行击球的情况下偶尔触网，不应该判触网犯规。试图击球包括一次进攻性行动中的参与成员和掩护者。队员击球后，在不影响比赛进行的情况下可以触及网柱、网绳和标志杆以外的球网。

判断触网犯规时应注意区别主动触网和被动触网，由于球被击入球网而造成球网触及队员，属被动触网，不应判触网犯规。同时，裁判在队员每次与网接触时，都要清楚地区分是队员触网还是网触了队员。判断时还应该注意分清先成死球还是先触网。

触网犯规由正裁判员负责观察进攻一方及双方队员网上沿有无犯规，副裁判员负责观察拦进攻一方及双方队员网上沿以下部分有无犯规。判犯规队失 1 分并换由对方发球。

四、进入对方无障碍区的球

球的整体或部分从过网区以外进入对方无障碍区，虽然队员不进入对方场区，但是将球又从同侧过网区以外击回是允许的。也就是说，球从标志杆上或标志杆外被击入一方无障碍区，则该方队员可以在合法击球次数之内将球从同侧过网区外（包括标志杆上）击回，对方队员不得阻碍此击球。但球进入对方场区或击出对方无障碍区或触及其他障碍物则为界外球。

此犯规由正、副裁判员与同侧司线员共同负责判定。

第五节 拦网犯规判断

对方进攻性击球前或击球时，在对方空间拦网触球为过网拦网犯规，或本队队员准备击球而没有击到球发生触网，即触网犯规。所谓进攻性击球是指除发球和拦网以外的所有直接击向对方的击球，包括托球、第三次击球。

判断过网拦网犯规的依据是进攻队员与拦网队员触球时间的先后。过网拦网犯规由正裁判员负责判定，判犯规队失 1 分并换由对方发球。

第六节 网上球判断

一、网上球的情况

网上球包括三种情况：球网附近的球、球在球网垂直上空、飞向过网的球。

1. 球网附近的球

球的整体高于球网上沿，除了注意双方队员是否有持球和连击犯规外，还应该注意是否将球击入对方场区或触及对方拦网队员手而犯规。

球的整体低于球网上沿，要注意传球是否有持球或连击犯规，对方队员是否过网拦网犯规。当队员将球直接击向对方场区时，允许对方队员过网拦网。

2. 球网垂直上空的球

判断这种球时，裁判员的身体应正对球网取位，注意球网上沿，掌握球网上空的假设垂直面，并注意以下情况：

（1）击球点在哪一方的场区上空。

（2）双方同时击球，按同时击球处理。

（3）双方击球有先后，按击球先后处理。

（4）区分双方击球的动作是进攻性击球还是拦网，关键是要看清楚击球点的位置和双方击球的时间。

3. 飞向过网的球

双方传球，有的球没有进行调整而是突然改变运行方向，因而突然被进攻方转向击球过网，这时裁判员要高度集中注意力，观察网上情况，看进攻队是否过网击球。

二、网上球判断方法

（1）掌握球网的攻守双方在假设垂直球网上空的假设垂直面是攻守双方在空间的分界线，球在哪一方，哪一方就有合法击球的主动权。球在球网的垂直面上空，则允许双方在不过网的情况下，触动在本方场上空的那一部分球体。

（2）分析各种不同的网上球，网上球变化较多、情况复杂、速度较快，必须准确地分析不同情况，概念要清楚，要熟练地掌握不同情况的判断方法。

（3）选择有利于判断的位置和角度。

① 身体位置正对球网。这个位置便于观察球网垂直上空的球和球飞向网卡口的情况，便于准确地判断球与球网的关系，看清球在哪一方场区上空。

② 身体位置侧向扣球一方。这是运用最多的方法，特别是当球在靠近正裁判员一端时，身体要后撤，这种角度有利于观察扣球队员是否犯规，球是否过网，是否触及拦网队员的手出界，球的整体是否高于球网上沿，等等。

③ 身体位置的高低。直立前倾，身体位置较高，便于观察远端和高点球；下蹲侧看，身体位置降低，便于观察球是否过网，球是否擦防守运动员的身体出界，球的整体是否高于球网上沿等。

④ 身体位置的前后。这与球高低有密切关系，身体位置前移，便于观察远端球；身体位置后撤，可以扩大视野，便于观察近端双方的动作，判断球是否触及标志杆，球是否从标志杆延长线高度上方或外侧过网，球是否触及队员的手出界等。

（4）必须看准、看清后再判定。裁判员必须在看准而且有把握的情况下才能做出判定，对网上球的判断也是如此。网上球争夺激烈、速度快，特别是轻微的触手出界和球是否拦回或不过网，必须靠裁判员准确的视觉判断，同时也需要其他裁判员的主动配合。切忌做出无把握的判断，更不能询问运动员或根据运动员的表示和反应来判断。

第七节　不符合规定的请求间断判断

一、第二次或第三次暂停，裁判员应予以拒绝

每一局双方各有两次暂停权力，每一次暂停时间不得超过 30 秒，任意一局比赛的暂停次数不得移至另一局比赛使用。

二、三人次换人，裁判员应予以拒绝

每局比赛中，每队换人不得超过三人次，每次换人时间不得超过

15 秒。换下场的队员允许再次被换上场。

三、同一队未经比赛过程再次请求替换，裁判员应予以拒绝

在同一次请求替换时，可以换两名或更多的队员，但教练员必须在提出请求换人时以手势表明换人的人次，替换时队员应一上一下、一对一对地相继进行。若请求替换一人次，则只允许替换一人次。同一队未经比赛过程不得连续提出换人请求。例如，甲队请求替换后，乙队请求暂停或替换，随后甲队又再次请求替换，即为不符合规定的请求间断。因为同一队两次请求换人之间未经比赛过程。

四、无权“请求”的人提出请求，裁判员应予以拒绝

规则规定只有教练员或场上队长有权请求暂停或换人，其他人无权提出间断比赛请求。

五、没有在规定的时间提出请求，裁判员应予以拒绝

当比赛成死球，正裁判员还未发出允许比赛开始的信号，教练员或场上队长可以请求暂停或换人，副裁判员可以鸣哨，做出暂停或者换人的手势，允许暂停或换人。如果正裁判员已经发出了允许发球的手势，那么，副裁判员要停止做出暂停或者换人的手势。也就是说，不允许请求暂停或换人。如果场上正裁判员已发出指令比赛继续，场上有人请求暂停或换人，须待成死球后，副裁判员再允许暂停或换人。如果请求方已暂停二次、换人三人次，则判该队违

规，失分。

对上述各项不符合规定的请求间断应予以拒绝，只要没有影响和延误比赛则不必进行判罚，但在同一局中不能再次提出不符合规定的请求。

第八节　延误比赛判断

一、不符合规定的请求

对同一局中再次提出不符合规定请求的队，要给予“延误警告”的判罚。由正裁判员出示黄牌。

二、换人延误时间

教练员或场上队长在请求换人前，准备上场的队员应做好准备（穿好服装、拿好换人牌等待），在教练员附近队席上坐着等待。教练员在成死球时一按电信号并做出换人手势时，上场队员应立即跑向换人区。准备上场的队员如未按上述要求做好准备，则判该队延误时间，给予“延误警告”，并不准予替换。

三、拖延暂停时间

所有普通暂停时间均为 30 秒，时间到后，裁判员鸣哨比赛，若某队拖延时间不迅速恢复比赛，应给予“延误警告”的判罚。

四、场上队员拖延比赛进行

场上队员请求系鞋带、请求擦地板，场上队长向裁判员持续询问，队员不去发球区发球等均为拖延比赛进行行为，应该予以“延误警告”的判罚。

五、请求不合法的替换

每局比赛中，主力队员可以换下场和再次上场，但再次上场时，只能换原来替换他的替补队员；每局比赛中，替补队员可以替换主力队员上场比赛，替补队员只能上场比赛一次，如该替补队员下场，必须由该主力队员替换他下场。凡不符合规定的替换为不合法替换。某队请求不合法替换，应给予“延误警告”的判罚。

“延误警告”是对全队的，同一局中同队队员再次延误比赛，则被认为犯规，要给予“延误判罚”。由正裁判员出示红牌，判失1分。

第九节　例外的比赛间断判断

一、队员受伤

（1）单人赛、双人赛有队员受伤时：

① 要给予3分钟的治疗时间。受伤处理后，继续比赛。

② 如果仍然不能参加比赛，则视为阵容不完整，判负局。

（2）三人赛有队员受伤时：

① 应进行合法的替换，当不能进行合法替换时，允许进行特殊替换，即只要场下还有队员，便允许该队员上场替换受伤队员。

② 当场外无队员时，则给予受伤队员 3 分钟治疗时间，3 分钟后如仍然不能进行比赛，则宣布该队阵容不完整。该局由对方获胜，阵容不完整的队保留已得的分数。例如，比分为 24∶12 时，24 分的队被宣布为阵容不完整，该局的比分就为 24∶26，对方队获胜。一场比赛中，同一队只给予一次治疗时间。

二、外因造成的比赛间断

比赛中出现任何外界干扰如非比赛用球滚入、球迷进入比赛场内等，都应立即中断比赛，该分重新进行。

三、拖延比赛的间断

（1）一次或数次间断，间断时间累计不超过 4 小时的处理方法：

① 在原场地恢复比赛的处理方法：保留已结束各局的比分或一局中断的比分，在原队员、原场地及原位置的情况下继续比赛。

② 换场地恢复比赛的处理方法：保留已结束各局的比分，间断的一局比分取消，保持该局原来开始的阵容和位置，重新比赛。

（2）间断时间累计超过 4 小时，在原场地或换场地比赛的处理方法：全场比赛重新进行。

第十节　比赛中不良行为判断

不良行为有粗鲁行为、冒犯行为、侵犯行为。当出现不良行为时，判罚如下：

（1）对第一次出现不良行为时，正裁判员召回肇事运动员，请其停止不文明行为。

（2）在同一场比赛中，同队任何其他队员再次发生不良行为，则正裁判员出示黄牌，判该队失 1 分，判罚记录在记分表上。

（3）主裁判员对继续挑事，造成不良后果的运动员，直接出示红牌，罚出比赛场地。

各种不良行为判罚程序如下：

（1）如果场上队员出现不良行为，正裁判员必须鸣哨（当不良行为出现时，要在死球时立即鸣哨），然后指示被判罚的运动员靠近裁判椅，当运动员来到正裁判员面前，正裁判员要根据情况出示黄牌或红牌给予警告并给出相应的判罚。

（2）如果场下的成员出现不良行为时，正裁判员必须鸣哨，指示场上的队长到他们面前，说“警告替补队员，号码是________”。当出示黄牌或红牌时，场上队长应通知替补队员，该替补队员必须站起来，举手接受这个判罚。判罚程序对教练员、训练员或医生都是相同的。

（3）不良行为无论是发生在比赛开始前还是局间，都应进行判罚，并记录在下一局。

（4）当副裁判员清楚正裁判员的意图后，要立即指示记录员进行登记，如果根据记录表的记录，记录员认为正裁判员的决定未按照毽球竞赛规则的判罚等级进行，记录员必须立即通知副裁判员，副裁判员核实后立即通知正裁判员，这时正裁判员要纠正他之前的决定。如果正裁判员不接受记录员和副裁判员的提示，记录员必须在备注栏内进行注明。

（5）各种不良行为应该由正裁判员判罚，副裁判员发现不良行为应及时报告正裁判员。正裁判员根据不良行为的程度，按判罚等级的规定，分别给予“召回肇事者警告”“黄牌警告，判失分”“红牌警告，取消比赛资格，判失分”。

专家解读

1. 毽球比赛的进行从何时开始？

答：裁判员鸣哨允许发球，发球队员击球时比赛开始进行。

2. 比赛的中断从何时标起？

答：裁判员鸣哨中止比赛。但是如果裁判员是由于比赛中出现犯规而鸣哨的，则比赛的中断实际上是由犯规的一刻开始的。

3. 什么是界内球？

答：球触及比赛场区的地面，包括界线为界内球。

4. 什么是界外球？

答：以下情况为界外球：

（1）发出的球的整个落点完全在场区界线以外的地面上。

（2）发出的球触及场外物体、天花板或非比赛成员等。

（3）发出的球触及标志杆、网绳、网柱或标志杆以外的球网部分。

（4）球的整体或者部分从标志杆以外过网。

5. 比赛进行过程中对于场上受伤情况如何处理？

答：（1）双人赛时：

① 如果运动员受伤应给予3分钟治疗时间，处理后，继续比赛。

② 如果受伤严重不能参加比赛，将视为比赛阵容不完整，判负局。

（2）三人赛时：

① 合法替换队员。当不能合法替换时，允许特殊替换，即只要场下还有队员，便允许该队员上场替换受伤队员。

② 给予受伤队员3分钟治疗处理。3分钟后如仍然不能进行比赛，则宣布该队阵容不完整。判负局。

6. 什么是击球？规则对比赛中的击球有什么规定？

答：比赛中，队员与球的任何触及都视为击球。

比赛中队员无论是主动击球或被动触及，均作为该队击球一次，一名队员可以连续击球两次；三人赛最多四次击球，双人赛最多三次击球，单人赛最多两次击球。

7. 当几名队员同时触球时，怎样计算击球次数？

答：如果只有其中一名队员触球，则只计为一次击球。当同队的两名队员同时触球时，被计为二次击球。

8. 击球时有哪些情况属犯规？

答：(1) 超过合法的击球次数：三人赛五次击球、双人赛四次击球、单人赛三次击球。

(2) 持球：球被停留在身体某部位，而不是被弹击。

(3) 连击：一名队员连续击球三次或球连续触及其身体的不同部位及有明显的滚动。

9. 球从球网下进入对方场区如何处理？

答：(1) 当球的整体越过球网以下垂直平面，则为“界外球”。

(2) 当球的整体尚未越过球网以下垂直平面时，本队队员在不干扰对方的情况下，可以将球击回。干扰是指触及对方的身体。未触及则不标干扰。触及了就判干扰。手势为食指指向中线。

10. 球触网如何处理？

答：发球触网应判好球。当球入球网后，在该队的四次击球内，可再进行击球。如果球击破球网或使球网坠落，则该分重新进行。

11. 队员在比赛中触网如何处理？

答：队员在比赛中触网是犯规行为。如果球网被大力击出的球触及后，由于球网的弹性作用，而造成球网触及队员（被动触网）或队员击球后触及网柱、全网长以外的网绳及其他任何物体，但不影响比赛，不算犯规。

12. 进攻队员第四次击球在网上，防守队员拦网触网，如何处理？

答：有两种情况：

（1）球网被大力击出的球触及后，由于球网的弹性作用，而造成球网触及队员属于被动触网，则判第四次击球不过网违例。

（2）进攻队员第四次击球在网上，而防守方拦网队员主动触网，则判触网犯规在先。因为第四次击在网上的球还未落地，未成为死球。

13. 什么是过中线犯规？

答：比赛进行中，身体任何部位触及中线，一只脚或双脚完全越过中线，应判过中线犯规。

14. 什么是正确的发球？

答：发球队员须站在本方球区内，用手持球，将球抛起，用脚踢入对方场区，使比赛进行。

15. 发球队员在发球时，必须遵守哪些规定？

答：发球队员在发球时，不得踏出场区（包括端线和发球区线及延长线）。发球队员必须在正裁判员鸣哨后5秒钟内将球击出。

16. 哪些情况应判发球犯规？

答：发球犯规分为发球时的犯规和发球击球后的犯规两类。

（1）发球时的犯规有：发球次序错误，踏及端线和发球区线及延长线，5秒违例。

（2）发球击球后的犯规有：球抛起后未击出球，球触及发球队队员或未能通过球网的垂直平面，界外球，发球掩护。

17. 对发球犯规如何判罚？

答：对发球时的犯规应判发球队犯规，失1分。即使对方位置错误也应判发球犯规在先。对发球击球后的犯规应根据双方犯规的先后顺序进行判罚。

18. 什么是拦击发球？

答：对在限制区内高于球网上沿的对方发球完成进攻性击球为拦击发球。

19. 有哪些情况构成拦击发球犯规？

答：（1）接发球方在限制区内。

（2）球的整体越过球网的假设垂直平面，完成进攻性击球，判罚的依据是是否完成进攻性击球。如果球被拦在网上，未过网，则不能判为拦击发球犯规。

20. 司线员没有看清楚球是否落在界内，怎么办？

答：应如实向裁判员报告情况，不可随意做出没有根据的判断。

第六章 毽球裁判员执裁的艺术

第一节　毽球裁判员执裁的基本要求

一名优秀的毽球裁判员，不仅要精通竞赛规则和裁判法，更重要的是要将规则和裁判法的理性认识付诸实践，即理论与实践相结合，而毽球裁判员的执场工作恰恰是检验理论和实践的结合情况。执裁工作既有理性认识也有感性认识，既有裁判员的主观能动性，又有客观的应变性。因此，执裁工作不仅有它的科学性，而且有深奥的艺术性。出色的执裁工作又能给人美的享受。

一、执裁的基本要求是判断准确

裁判员是比赛的组织者，又是赛场上的“法官”，他的判断就是以规则、裁判法为依据确定事实。因此，做好执裁工作最关键的是要精通规则，要把概念搞清楚。只有概念清楚，判断才能准确。在执裁过程中临时想规则是来不及的，有些裁判员在判断时发呆就是这个原因。裁判员的八字方针是严肃、认真、公正、准确，而准确是十字方针的精髓。判断准确是执裁的基本艺术，但是这并不否认执行规则的灵活性。在规则允许的范围内，在双方一致的前提下，要充分调动双方队员的积极性，使比赛激烈而轻松，紧张而愉快。比如，双方正在激烈地争夺，观众看得很投入，这时有一个可吹可不吹的球裁判给判了，或者一名队员跑出场外冒着危险将险球抢救回来，观众为之喝彩，但他的动作有些不利索，裁判给判了，结果使紧张精彩的比赛突然中断，不仅会影响运动员的积极性，观众也会感到失望。这样，不仅得不到理想的比赛效果，而且也会使教练员、运动员、观众也会对裁判产生怀疑不信任裁判。这种吹法实际上限制了运动员的发挥，使比赛失去了观赏价值，更不利于毽球运动的发展。因此，在规则允许的范围内，在判断准确的基础上，裁判员要学会恰到好处的灵活执裁。

二、要有大将风度，坚定果断

在执场过程中，特别是正裁判员一定要有大将风度，在判断时要坚定果断，沉着冷静。所谓大将风度，不仅要求裁判员仪表端正、气宇轩昂，而且要求裁判员在紧急情况下能随机应变，灵活掌握。裁判员的气质是很重要的。在执裁过程中，裁判员的哨音、手势、暗示、眼神及每一个判断都能运用自如，这是拥有良好气质的表现。有的正裁判员执裁胆小气弱，优柔寡断，在关键时刻紧张发慌，不知所措，控制不住局面，甚至问副裁判员、运动员是否犯规，改过来改过去；有的正裁判员吹起来理直气壮，神采奕奕，不仅反应快，判得准，而且能在转瞬即逝的时机中坚定果断的准确判定。因此，裁判员除了应具备扎实的基本功外，还要注意对培养自己的气质。气质并不是天生的属性，而是通过学习和执裁实践逐步形成的。坚定果断是执裁艺术的具体体现。在执裁中，裁判员对自己的判定要有信心，看准了就毫不犹豫地判定，在任何情况下都不能听从运动员的指挥或被他人所左右。所有的判定都应是裁判员本人对场上情况的观察和裁判员之间集体配合的结果。故要做到冷静而不惑、果断而不愣、机敏而不浮、临危而不乱。不论比赛多关键、比分多接近、气氛多紧张、场外多混乱，都要泰然自若、指挥若定。即使错判了，首先应清楚错在哪里，不要被他人干扰，弄得场面混乱，错上加错。如果确实判错了，裁判员也要勇于改正。再好的裁判员也会出现错判和漏判，关键是怎样处理好出现的错误。明显的错误如果一味坚持，不能说是坚定果断，只能说是固执武断，不仅达不到执场的艺术效果，反而会引起教练员、运动员和观众的不满。

三、要处理好错综复杂的局面，做到临危不乱

越是在紧急的情况下，越能看出裁判员的水平，越能体现其执裁的艺术能力。在一些全国比赛中，曾发生一些争端和不愉快的场面，主要原因就在于裁判员没有处理好事端的隐患和苗头。教练员要想提高执裁的艺术性，就必须学会处理好错综复杂的局面，做到临危不乱。例如，在一次全国毽球比赛的冠亚军决赛中，由于执场裁判员在赛前没有对两队的技战术打法及特点做好分析，又没有预测可能出现的问题及其应变办法，结果出现了某队不服从裁决、顶撞裁判、罢赛的局面，从而使得比赛中断。如果裁判员在赛前把问题估计得充分些，在刚刚出现事端苗头的时候，裁判员把双方场上队长召集来提醒一下，很可能不会出现这种局面。可是当时裁判员在第一次出现事端苗头时，没有提醒；在第二次犯时，又没有亮牌，采取的是束手无策、放任自流的做法；最后，铸成大错，给仲裁和组委会带来了很大的麻烦。在执裁过程中，裁判员一定要充分利用好手中的职权，科学地使用好红黄牌，把事端消灭在萌芽之中。红黄牌的使用是很有艺术性的，既要根据规则灵活运用，又要根据事端情节的轻重而采取不同的执裁办法。轻者先提醒后亮牌，重者先亮黄牌，后亮红牌。总之，一定要控制住场上队员的情绪，既不能掩盖矛盾，又不能激化矛盾。

四、要掌握好判罚的尺度和节奏

有的裁判员担心人家说他反应慢，没水平，结果一上场就连吹了三个持球，吹得双方运动员目瞪口呆，无所适从。因此，掌握好判罚的尺度和节奏是执裁艺术的关键。不同性质、不同级别的比赛应有不同标准和要求，对此，裁判员要恰当灵活地掌握平稳的尺度。在一场

精彩而紧张的比赛中，要努力做到保持对双方一致、比赛前后一致的稳定判断，不允许出现过严和过松的情况。假如错判甲方一个球，又从乙方找回一个，那就会造成判罚尺度的混乱，从而给比赛带来不良影响。因此，在执裁中，裁判员要根据规则，恰如其分、平稳合理地确定理想的尺度。尤其在比赛开始时，要调整尺度的宽严，要努力做到严得合理，宽不违背规则。在执裁中，裁判员应努力使比赛在双方充分发挥水平的基础上有条不紊地进行，从而保证比赛的高质量。

随着毽球运动的迅速发展，要求裁判员在执裁时，不仅要判断准，而且要判断快，要把运动员犯规动作与裁判员的哨音、手势紧密地联系起来，即什么犯规就吹什么哨，就做什么手势，把因果关系交代清楚，在短暂的时间内让运动员、教练员、裁判员以及观众看明白裁判员的判断。因此，掌握好比赛的节奏也是执裁艺术的关键一环。一名优秀的裁判员，通过哨音和手势可以把一场比赛的速度和节奏掌握在恰到好处的地步。

五、要充分发挥全组人员的作用，密切配合

明智的人善于运用别人的智慧。一名正裁判员应该懂得要想完美地完成执裁工作，就必须充分发挥全组裁判员的作用。执裁艺术性的本身就意味着配合的默契性。这就要求全组人员密切配合，互相补充，形成一个团结战斗的集体。在执裁工作中，裁判员首先要做到相互信任，即对别人的正确判断一定要尊重。当自己出现错误时，同组人员对自己错判的纠正应当表示支持和感谢。特别是正裁判员必须要慎重求实，做到既维护裁判员的尊严，又使其心情舒畅。只有在这种相互信任、尊重的基础上，才能更好地完成执裁工作。只有依靠相互配合，拾遗补漏才能使整个裁判工作既准确又圆满。

第二节　毽球裁判员执裁的思想禁忌

任何项目的裁判员在执裁过程中都应做到“严肃、认真、公正、准确”八字方针，毽球裁判员也不例外。在一场比赛中，裁判员的思想正确与否会直接影响到比赛的进行。有些裁判员有较高的执裁水平，但在执裁过程中有时发挥不甚理想，有时前一局吹得好，后一局吹得乱；有时某一场吹得顺利，但下一场吹得不理想。造成这种情况的原因，除了身体原因外，思想问题是重要的原因。

一、毽球裁判员在执裁过程中思想上的“十忌”

（1）精神压力大，怕出差错；思想高度紧张，如关键场、关键局、关键球，怕负责任，怕大牌球星，不敢大胆果断地判罚。

（2）裁判员之间配合出现问题，担心再出现差错，精神过分集中或分散。

（3）思想上存在框框。主观认为某队技术好，某队技术差，某队员技术动作肯定是犯规等，不尊重客观实际而主观武断地进行判断。

（4）出现漏判后，想补回来。

（5）判罚尺度不一。比赛开始时，对弱队判得松，对强队吹得严。但在弱队比分赶上来时，又对弱队吹得严。

（6）存在“宁错勿漏”或“宁漏勿错”的主导思想。

（7）想吹出高水平，但出现几个错判、漏判后，又缺乏信心，思想产生波动。

（8）对“一边倒”的比赛，认为反正强队胜，出现执裁不认真。

（9）被判罚的队员表示不满或观众叫倒好时，裁判员没有正确对待，心态没有摆正，而影响判断。

（10）思想不端正，存在不正之风，有意偏袒一方，造成判断混乱。

二、消除毽球裁判员思想禁忌的方法

要想消除毽球裁判员的思想禁忌，除了要掌握判罚原则，还须提高其执裁水平。

1. 毽球裁判员判罚应掌握的原则

（1）公正认真，排除干扰。

（2）概念清楚，尺度适宜。

（3）双方一致，前后一致，要求平稳。

（4）判断准确，及时果断。

（5）严得合理，宽要不违背规则精神。

2. 提高毽球裁判员执裁水平的途径

（1）消化理解每一条竞赛规则，在实践中做到有法可依，判断准确。

（2）多观看毽球比赛和毽球比赛的录像，观察优秀裁判员判断方法和执行规则的尺度，以加深理解竞赛规则精神和掌握判断的方法。

（3）多参加裁判实践。通过实践加深对竞赛规则的理解，体验并逐渐掌握不同运动水平参赛队的执裁尺度，以适应不同层次的需要。

（4）向有经验的裁判学习，在学习中加深理解竞赛规则。

第三节 毽球裁判员控制比赛的能力

裁判员控制比赛的能力是指在规则许可的范围内，裁判员引导比赛顺利进行的一种能力。从某种意义上说，这正是衡量裁判员水平高低的重要标志。随着毽球运动的迅速发展，裁判队伍日益壮大。近些年来，在全国各级大赛中涌现出一批年轻、文化素质高、作风正派、虚心好学并有一定执裁水平的裁判。由于他们哨龄短，缺乏大赛经验，在关键场次执裁中，有时会出现因心理不够稳定、对突发问题处理不当等问题，从而引发争议。这与裁判员控制比赛的能力有关。毽球裁判员要控制好比赛，应做到以下几点：

一、富有自信心

毽球竞赛规则赋予正裁判员在比赛中拥有主要裁决的权力，所以他是比赛场上的“法官”，正裁判员的判罚是最终判决。一位裁判专家曾讲过：“裁判员上了场就要具有原子弹般的威力。”这种威力正是自信心的体现，只有做到自信才能在临场表现出果断性。裁判员还未上场就表现出紧张、失常的状态，上场后顾虑重重，怕运动员怀疑自己的判决，受外界的干扰和影响执裁优柔寡断等，这是缺乏自信心的表现。

二、具备扎实的基本功

毽球裁判员要有扎实的基本功。毽球裁判员要做到通晓规则、头脑清醒、体力充沛、选位合理、视野宽广、配合默契、手势清楚、哨音响亮、表情自如、眼神得当等。只有拥有扎实的基本功，裁判员方能表现出“任凭风浪起，稳坐钓鱼台”的气魄，牢牢把握对抗激烈、变幻多端的复杂局面。在比赛中，很多哨音都是针对犯规而吹的。因此，裁判员要提高对犯规动作的洞察、识别及反应能力，尤其是要掌握什么是“持球”，什么是“连击”，什么是“侵入对方场区”，什么是“侵入对方空间”；侵入对方空间上严下宽如何掌握，及时做出准确的判断。如果经常错判、漏判，必然会有损球队的利益，引起运动员、教练员不满，甚至引起他们产生对抗的情绪和行动。

三、重视网上球判罚的准确性

随着毽球运动竞赛方法的改革和竞赛规则的不断完善，毽球的技战术水平发展很快，得分主要靠钩、踏结合的凌厉进攻，而拦网成为扼制进攻的有效手段。因此，攻防的焦点主要集中在网上。网上的争夺越来越激烈，对网上球判罚的准确性成为执裁的重要一环。网上球判断的基本原则是：

（1）掌握球网的假设垂直面。它是攻守双方在空间的分界线，球在哪一方，哪一方就有合法击球的主动权。当球在球网上空时，则允许双方在不过网的情况下，触及在本方场区上空的那一部分球体。

（2）分析各种不同的网上球。网上球的变化较多，情况复杂，球速较快，必须准确地分析不同情况，概念要清楚，要熟练地掌握不同情况的判断方法。

（3）选择有利于判断的位置和角度。当球飞向球网附近时，裁判员应正确地选择自己的身体位置和观察角度。最基本的要点就是要把球、球网和队员置于视野范围之中，善于运用注意力的分配和转移，以利于全面观察情况。

四、准确使用红黄牌

亮牌是裁判员警示运动员与控制比赛局面的重要手段。亮牌时若“心慈手软”或“盲目滥用”，都不能达到亮牌的效果。为了更好地抓好精神文明建设，营造良好的赛场气氛，首先要提倡解放思想，敢于使用红黄牌，但在亮牌时要讲究准确性。所谓“准”大体包含以下三个要素：

（1）有根有据。犯规事实与规则规定相符。

（2）抓住火候。亮牌时机选择在能起到明显警示效果，防止事态扩大和恶化的时刻。

（3）合情合理。善于区别不同情况、不同性质的犯规与不正当行为。合情合理的判断，一旦亮牌，也易被运动员、教练员和观众接受。

实践证明，这三要素有机地结合是保证亮牌成功的关键。

五、善于掌握运动员的心理状态

在激烈的比赛中，交战气氛、裁判水平、观众情绪、比分变化的状况会直接影响运动员的心理状态。运动员心理上的变化必然通过各种迹象客观地反映出来。裁判员要善于及时透过现象摸到运动员心理上的“脉搏”，掌握其思想情绪和行为动机，这对于提高判罚的准确性和艺术性有着重要意义。如果裁判机械执法，那么必会导致判罚差错、处事方法不当。裁判员应坚持以规则为准绳，事实为依据，根据临场实际情况，开阔思路，善于察言观色，及时捕捉和掌握运动员的心理状态，这样才有利于做出合法、合理的判断，并起到因势利导的积极作用。

裁判员控制比赛的能力需要经过长期的磨炼才能得到提高。要想实现这一目标，须努力做到“五勤”：

（1）勤学：刻苦学习规则、裁判法，提高理论水平。

（2）勤问：不耻下问，虚心求教。

（3）勤看：观摩他人执法，博采众家之长。

（4）勤做：坚持裁判实践，大小比赛同样对待。

（5）勤钻：开动思想机器，及时总结经验，可以少走弯路，取得显著进步。

相关链接一　裁判员综合素质及其提升路径

一、增强法律约束，从严制度建设

严格遵守“公正、严肃、认真、准确”的任务宗旨，这是裁判员的工作准则。裁判员执法公正准确，关系到运动队的成绩、前途和待遇等。作为一名裁判员必须始终保持公平公正的职业精神和道德底线，为运动队提供一个公平竞赛的环境。注重培养、教育和使用思想政治素养较高的裁判员。这几年，新闻媒体连续曝出有关体育部门“暗箱操作”“篡改年龄”“比赛造假”等事件，影响恶劣，亟待解决。崇尚金牌的观念连带出各种问题，扭曲了体育的内在含义，影响了社会公德、思想道德。加强裁判员思想道德的培养和纪律性的教育，使其领会比赛的精神，是提高裁判员职业道德水平的关键，也是裁判工作顺利进行的约束力。遵循国家制定的具强制性的政策法规，公开各个环节和结果情况，采纳社会监视；按照各体育项目管理中心要求实施细则，扩大奖惩范围，让违法者切实体会到犯错的代价，请全社会监督。

如今裁判员队伍中大部分裁判员的职业是体育老师和体育工作者，他们在本职工作上教书育人，培养优秀的体育人才，传授体育思想和体育精神。裁判员的教育思想始终贯穿在比赛中，裁判员在比赛中执法，在执法中育人。随着以人为本的思想不断深入，裁判员不仅是赛场上的判定者，更是队员顺利参赛的保障。所以进入裁判队伍的每一个人都要有相对稳定的价值观。通过信念的力量克制不道德行为的冲动，并遵循自己的信条，顺利完成执裁任务。

二、加强业务学习，定期参加培训

高水平的毽球比赛紧张激烈，场上情况瞬息万变，球况都不相同，在这种情况下需要裁判员迅速做出正确的判断。这不是一蹴而就的，而是需要沉下心来，加强理论学习，通过实践磨炼，提高执裁水平。

要提高裁判员业务素养必须多学规则，做到熟记；多向有经验的裁判学习，多向同行求教；经常观看高水平裁判员的执裁，模仿其哨音、手势，看他们对疑难球、关键球的处理方法，通过一个球、一场比赛，对比分析自己的判断与优秀裁判员的判断。多实践，多执裁，积累丰富的经验，判断的准确性就会不断提高。不断加强基本知识、基本技能、基本方法的学习，实力、水平、功底要厚实，要注重实践的积累和相互交流学习，专心投入，做到不耻下问，用心、上心。

各省市竞赛部门会定期对裁判员进行培训考核，提升裁判的业务素养，裁判员须认真熟悉毽球竞赛规则、指南，观看典型案例视频，坚持逢赛必培训、逢赛必考的学习原则，集中学习、集中考试。另外，每次比赛后，临场裁判员要认真总结，明确自己的不足之处，有重点地进行学习，不断加强对规则的理解，将所学的知识技能高效地运用到实践中，提升业务水平，促进比赛的顺利流畅进行。

三、加强体能锻炼，维持长久注意力

国家体育总局对报考国家级裁判员提出了相应的条件，其中一条就是要有一定的毽球专项能力和裁判员实践经历。有了实践的积累，具有强健的体魄，临场执裁的时候要冷静，思维清晰、判断准确，执裁才更具持久性。裁判员平时要多锻炼身体，保持健康的生活习惯与良好的精神风貌，熟练掌握各种突发情况的处理方式，在执裁过程中，裁判员才能应对自如，更好地展现自我，顺利完成裁判任务。

四、增加执裁次数，提高心理调节能力

裁判员参与比赛的次数多，具有一定执裁经验，心理调节能力高；精通裁判规则，并在比赛中能够熟练应用，具有一定抗压能力，尽量做到零失误；能守住自己的道德底线，热爱本职工作；能与高水平裁判员团结协作、默契配合，顺利完成临场任务。有学习之心、公正之心、敬业之心、律己之心，是裁判员执裁过程中控制比赛节奏的基本要求，也是储备高素质裁判员队伍的基本要求。

要成为一名优秀的裁判员不容易，必须具有良好的心理素质，特别是有时候要处理包括教练员的态度、运动员之间的沟通风格、运动队比赛的节奏等，都需要良好的心理素质。

（资料来源：辛玲. 我国排球裁判员综合素养及其提升路径研究［D］. 大连：辽宁师范大学，2015.）

相关链接二　优秀裁判员临场心理变化的自我调控

健康的身体是保持裁判员临场时心理状态稳定的前提。裁判员要牢记：一场比赛效果的好与坏，是裁判员的责任。裁判法历来强调裁判员之间的分工与合作，以确保比赛的顺利进行和运动项目的良性发展。裁判员之间要做到相互尊重、相互谅解、相互学习、共同提高。在比赛开始前可以做好以下准备工作来控制比赛效果，使比赛顺利、有序、正常进行：

（1）开好准备会，和同伴达成充分的共识，以保证场上默契的配合。

（2）做好了解双方队伍的工作，包括队员及球队常用的技战术，教练和主要球员的特点，比赛可能的激烈程度等方面。

（3）坚信自己有能力完成好比赛任务，来强化自身的信心。

比赛中球场风波即将形成时，裁判员的思想情绪越稳定，胆量和气魄越大，就越敢于承担责任，敢于“迎风斩浪”；裁判员的头脑越清醒，越便于观察、分析、判断，把能引起球场风波的不良行为和动作消除在萌芽时期；裁判员的判罚越准确，他的自信心越强，越能抓准队员的第一犯规动作并敢于及时抓住队员的第二犯规动作。裁判员不仅重视对场内队员不良行为的判罚和教育，而且高度重视对场外球队席上人员不良行为的判罚和教育；裁判员对那些引起球场风波的人从不宽容和迁就，而是根据规则的精神，做出严格的要求和准确的判罚。如果在比赛过程中出现因情绪的波动而引起心理变化时，可以采取以下建议和方法来进行自我调控：

(1) 及时而主动地忘却和解脱，强化自己的信心，集中精力继续以平常心投入到比赛中。毕竟一味地沉迷于已经发生的失误中，只会越加影响后面的执裁过程，甚至一错再错，铸成无可挽回的大错，从而直接影响到自身将来的发展。

(2) 告诫自己尽量稳定住情绪，采取强制性的心理暗示，调整好心理状态，透过场上的形势，以大局为重，从全局出发，从完成任务的具体情况和要求出发，使自己的情绪尽快恢复到常态。

(3) 通过更为积极的移动，以加大运动量来集中注意力，或放慢宣判的速度，以提高准确度并缓和自身较为紧张的心理状态。

(4) 时刻牢记自己的职责，提醒自己以规则和裁判法的精神为准，以动作为依据，以判罚准确为目的，及时调整好波动的情绪，保证比赛继续进行。

(5) 通过冷处理，不激化矛盾，大胆处理各种情况，以更为准确的判罚来增强自信心。

另外，资深的裁判还提出了两点忠告：第一，临场裁判员在千变万化的比赛中，如果由某种原因造成自己漏判了某队员的第一犯规动作时，要镇定，千万不要采用设法补偿的办法。因为越补过失越大，越补越被动。第二，如果漏判了某队员的第一犯规动作，一旦被侵犯的队员有意做出“回敬”的犯规动作时，要做到：敢吹敢判，不姑息，不迁就，不心慈手软，只有这样才能掌握领导比赛的主动权，才能强而有力地控制比赛。

（资料来源：宣沁．我国优秀篮球裁判员临场心理变化的自我调控之研究［D］．上海：上海师范大学，2004.）

专家解读

1. 简述毽球裁判员执裁的基本要求。

答：毽球裁判员的立足点是执法公正一致。毽球裁判员要基本做到以下几点才能获得运动员的充分信任，使他们满怀信心，毫无拘束地投入到比赛中：

（1）判断准确，判定坚定果断。

（2）深度理解规则精神。

（3）有效的组织能力，临危不乱，处理好错综复杂的局面。

（4）掌握判罚的尺度和节奏。

（5）告诫不文明和惩处违背公正的行为，行使规则的教育功能。

（6）配合密切。

一名优秀的裁判员会通过对规则的执行，让观众融入比赛，让运动员更好地发挥水平，促进毽球运动的发展。

2. 毽球裁判员判罚时应掌握哪些原则？

答：（1）公正认真，排除干扰。

（2）概念清楚，尺度适宜。

（3）双方一致，前后一致，要求平稳。

（4）判断准确，及时果断。

（5）严得合理，宽要不违背规则精神。

第七章 毽球比赛组织管理

第一节　毽球竞赛委员会

毽球运动是富有群众性的传统体育运动项目，它的竞赛组织形式很多，竞赛的模式、类别也有较大的差异。因此，应根据竞赛的目的和任务，组织不同规模、不同类别、不同形式的竞赛活动。

毽球运动竞赛项目、赛次、参赛人数、裁判人员、场地器材等比较复杂，比赛时间也相对集中。因此，要组织好毽球比赛，就需要赛前周密思考，科学地进行组织工作。

成立竞赛委员会，这是宏观管理的系统形式，反映了竞赛组织系统的面貌，在比赛前成立筹备小组，成立“竞赛委员会”（简称“竞委会”），确定各层次负责人、工作人员、官员和裁判人员（图7-1），对大会组委会负责。

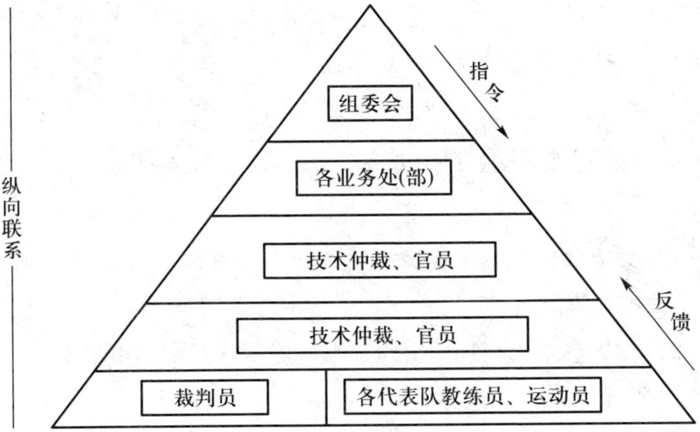

图 7-1　竞赛委员会

一、竞赛委员会的职责

毽球竞赛的目的是推动毽球运动的发展，检查训练成果，交流技术和经验，发现、选拔和培养优秀运动员，促进毽球运动技术水平的不断提高。因此，竞委会的职责应围绕此目的来开展各项工作。

（1）根据竞赛规程的规定，接收报名单，审查运动资格。

（2）对竞赛规程中的未尽事项做补充通知。

（3）负责比赛编排并主持抽签工作。

（4）协助裁判长工作，准备裁判员的一切用品。

（5）编排秩序册、成绩册，印制比赛用的各种表格，设置公告栏。

（6）准备奖品，制订发奖计划。

（7）向组委会、仲裁委员会提供比赛中发生的事端及纠纷情况，并协助处理。

（8）上报比赛总结及成绩记录。

二、竞赛委员会的组成

（1）竞委会由主办单位负责竞赛的人员牵头，设主任、副主任、仲裁、裁判长等职务。

（2）竞委会下设场地器材组、编排器材组及裁判组等。

三、竞赛委员会的基本工作

（一）制定竞赛规程

竞赛规程是比赛的指导性文件，如果大会组委会已经颁发了竞赛规程，竞委会必须严格执行。如果竞委会自行制定竞赛规程，竞赛规程应包括以下内容：

（1）比赛名称和目的。

（2）比赛的起止日期和地点。

（3）比赛项目。

（4）参赛单位。

（5）参赛者年龄限定。

（6）比赛方法。

（7）报名人数、报名方法及截止日期。

（8）报到日期、地点。

（9）采用的竞赛规则。

（10）比赛用球与比赛场地。

（11）录取名次与奖励方法。

（12）计分方法。

（13）关于服装和鞋子的规定。

（14）竞赛抽签的时间和地点。

（15）其他特殊规定。

（二）制定报名表

（1）报名表的内容包括单位、姓名、性别、民族、出生日期、参加比赛项目及双人配对名单等。

（2）报名表应用正楷字体填写并加盖公章。凡未按照报名格式填写者，报名无效。

（三）编印秩序册、成绩公报和成绩册

1. 秩序册在赛前编印完毕，应包括以下内容：

（1）竞赛规程。

（2）竞赛委员会及办事机构。

（3）仲裁委员会及裁判员名单。

（4）各代表队名单。

（5）比赛日程安排名单。

（6）竞赛时间安排表。

（7）第一阶段积分表。

（8）双人比赛队阵表。

（9）第二阶段比赛对阵表。

（10）运动员适应场地训练安排表。

（11）各代表队人数统计表。

2. 成绩公报。

（1）设立成绩公告栏，每天每单元比赛完后，都要公告比赛成绩。

（2）编印成绩公告表。

（3）公布成绩时，比赛结果需有局数比分。

（4）比赛预赛及循环赛成绩。

（四）总结

比赛结束后，主办方要出书面总结，在2周内上报主管部门，总结主要包括：

（1）比赛地点与起止时间。

（2）参赛单位及人数。

（3）比赛场次与球场使用数量。

（4）比赛概况。

（5）比赛中发生的情况及处理意见。

（6）比赛经费开支情况。

（7）经验、建议等。

（五）裁判组的设置

（1）竞委会负责聘请裁判员，成立裁判组。裁判员的安排主要根据比赛场地情况来确定，6~7 人负责一块毽球裁判场地。

（2）裁判组应设裁判长 1 人，副裁判长 2~3 人，必要时下设比赛场地裁判长组长若干人。

（3）全国性比赛，正、副裁判长必须由国家级以上级别裁判员担任；省级比赛，正、副裁判长可以由国家一级裁判员担任。

（4）如果比赛时间短，参赛人数较多。竞委会有权根据实际情况来确定比赛比分数，如三人赛规则规定每场 21 分，可更改为 15 分，这样有利于比赛顺利进行。

第二节　毽球竞赛方法

组织毽球比赛时，需要根据比赛的规模、宗旨、时间、场地和组织比赛工作情况，以及不同项目的特点来选择和确定竞赛方法。毽球比赛的竞赛方法很多，一般采用淘汰法和循环法。

1. 淘汰法

一般适用于参赛队（人）多而比赛时间短的情况。一般在比赛的第二阶段采用淘汰法。其优点是节省时间，不足是比赛机会较少，不能合理地体现队（人）的实际水平和名次，淘汰法包括单淘汰和双淘汰两种。

2. 循环法

是指一次竞赛过程中，参加比赛的队（人）相互间都进行比赛的方法，比赛中相遇一次是单循环，遇两次为双循环。循环法能较好地反映比赛队（人）的实际水平，其缺点是占用时间长，另外还可以根据实际情况进行分组循环。毽球比赛大多在第一阶段采用循环法。

相关链接一 广东省第一届大学生毽球锦标赛竞赛规程

一、主办单位

广东省学生体育联合会

二、承办单位

广州大学

三、协办单位

广东省学生体育联合会毽球协会

四、参赛单位

全省各普通高等院校

五、竞赛分组

高水平组、普通组

六、比赛项目

男子团体、女子团体

七、竞赛日期和地点

5月24日至25日在广州大学（大学城校区）举行

八、参赛运动队（员）条件

（一）运动员基本条件

1. 必须是具有中华人民共和国国籍（含港、澳、台留学生）并按照教育部关于全国普通高等学校统一招生考试、录取的有关规定，经考生所在地普通高等学校招生委员会（办公室）审核录取，获得正式学籍的本、专科学生及研究生，且思想进步、文化课考试成绩合格，经校医院检查证明身体健康并适宜参加所报名项目比赛者。

2. 成人高等教育系列的学生以及由这类院校转入普通高等学校的学生，普通高等学校成人教育学院的学生、电大、夜大、职工大学、自修大学和进修班、干训班、专修班、代培班学生及在职研究生均不得报名参加比赛。

3. 各参赛队务必在5月5日前在广东省学生体育联合会履行大学生运动员注册手续，取得广东省学生运动员注册证卡号者，方可报名参赛。办理注册请登录省教育厅体卫艺处网站（http://tiweiyi.gdedu123.com）首页“广东省大学生运动员注册查询”栏目。

（二）各组别参赛条件

1. 高水平组

（1）必须符合以上（一）条件。

（2）凡是参加高考体育加试，通过加20分以上录取的体育尖子学生。

（3）凡按“3+专业技能证书”考试录取进入本科院校的高水平运动员。

（4）体育教育专业及运动训练专业的学生。

（5）参加高水平组比赛的运动员入学年龄不超过22周岁，参赛年龄不超过26周岁。

2. 普通组

（1）必须符合以上（一）条件。

（2）普通高等本、专科院校在其学校正式录取（含特殊专业正式录取）的学生。

（3）高考文化总分（不含体育尖子加分）：2006年前入学的广东省籍运动员在500分以上（含500分）、2007年入学的以其所在学校在考生所在省（直辖市、自治区）正常出档线上录取学生（含加20分录取的体育尖子本科生）。

（4）参加普通组比赛的运动员入学年龄不超过22周岁，参赛年龄不超过26周岁。

3. 硕士研究生、博士研究生参赛年龄不限，但必须是参加全国统考、国家指标，有正式学籍的全脱产硕士、博士研究生。

（三）每名运动员只能参加一个组别的比赛，不得兼报（如报普通组则不得再报高水平组）。本科院校的专科学生可报名参加普通组或高水平组的比赛，体育教育专业的学生只能报名参加高水平组的比赛。不允许符合高水平组条件的运动员报名参加普通组的比赛。允许符合普通组条件运动员报名参加高水平组的比赛。

（四）所有参赛人员必须在当地保险公司办理“人身意外伤害保险”（含往返比赛地点途中及比赛期间），未办理者不予参加比赛。

九、报名规定

（一）每队限报领队1人、教练员1人，男、女运动员各6人。

（二）报名日期及要求：

1. 必须使用大会统一的报名表，请在省教育厅体卫艺处网站（http://tiweiyi.gdedu123.com）中“学校竞赛专栏”下载。手写表格不予以受理。

2. 报名截止日期：5月10日，请同时将报名表发送电子邮件及传真到省学体联（邮件命名：“×××学校×组大学生毽球报名表”）。邮箱地址：××××××@126.com；传真：×××-×××××××××（传真后请务必致电020-××××××××予以确认）。逾期不予受理。

3. 报名后不得更改、调整和补充。

（三）每名运动员限报一个组别一个队伍的比赛。

十、报到事宜

（一）报到时间及地点：5月23日在广州大学城广州大学（具体报到事宜请浏览省教育厅体卫艺处网站中“学校体育竞赛专栏”）。

（二）交验参赛人员“人身意外伤害保险”（含往返赛区途中及比赛期间）凭证，否则不予以参赛。

（三）5月23日下午15∶30在广州大学城广州大学召开裁判长、领队、教练员联席会议（具体地点请浏览省教育厅体卫艺处网站）。

十一、经费

（一）报名费：各参赛队伍以学校为单位，在报到时向主办单位缴纳报名费300元/队。

（二）注册费：首次注册（含通过审核和确认制卡）和补制卡的运动员须在报到时向主办单位缴纳注册费×元/人；遗失注册卡的运动员必须在5月12日前向学体联申请补制卡（补制卡手续详情请浏览“广东省大学生运动员注册查询”系统）。

（三）参赛队伍其他费用一律自理。

十二、竞赛办法（拟按照以下方式进行，具体竞赛办法待报名后确定）。

（一）执行2001年中国毽球协会审定的《毽球竞赛规则与裁判法》。

（二）比赛均采用三局两胜每球得分制。

（三）团体赛分两个阶段进行：

1. 第一阶段：各组别将分为四个小组，男、女队抽签分别进入A、B、C、D组。各组别第一阶段均采用小组单循环赛，决出各小组前两名参加第二阶段的前八名决赛。

第一阶段小组赛计分方法：

（1）胜一场得2分，负一场得1分，弃权得0分。无故弃权取消全部比赛资格或成绩。

（2）如遇两队积分相等，按两队相互间比赛决定，胜者列前。

（3）如遇三队或以上积分相等，则采用A（胜局总数）-B（负局总数）=C（净胜局数），C值高者名次列前；如C值相等，则采用X（总得分数）-Y（总失分数）=Z（净胜分数），Z值高者名次列前；如Z值相等，抽签决定名次。

2. 第二阶段进行交叉淘汰及附加赛，决出各组别前八名。

（四）若团体赛少于8队则采用单循环决出名次。

（五）运动员比赛上衣前后必须按规定印上号码。

（六）比赛用球：江苏太仓“新健”牌桃红色比赛用球。

（七）服装：运动员上场比赛服装必须符合竞赛规则要求，服装广告须报主办单位同意后方能印制。

十三、资格审查

（一）由各院校负责审查。凡违反规定，弄虚作假者，如在比赛前发现，取消运动员参赛资格，并不得补报；若在比赛中或比赛后发现，取消该队参赛资格及获奖名次，追回奖品，并通报全省及取消下一年度的参赛资格。

（二）为确保比赛的公平、公正，我们将于5月13日—23日在“广东省大学生运动员注册查询”系统公示各参赛队伍名单及其注册有关资料（具体公示登录用户名、密码届时将在注册系统公布），请各参赛队浏览并相互监督，并按有关程序向竞委会进行书面申诉。

十四、奖励

（一）设男子团体赛奖、女子团体赛奖，对获得男子团体赛、女子团体赛前八名的代表队分别颁发奖杯。

（二）对获得团体赛前八名的运动员颁发成绩证书。

（三）如参赛队伍不足8队，则按照实际参赛队伍全部录取。

（四）奖杯、成绩证书由赛区统一制订并颁发。

十五、执行《全国学生体育竞赛纪律处罚规定（试行）》的有关规定。

十六、未尽事宜，请各代表队浏览广东省教育厅体卫艺处网站（http://tiweiyi.gdedu123.com）中“学校体育竞赛专栏”，主办单位不再下发书面通知。

十七、本规程解释权属主办单位。

相关链接二　广东省第×届大学生毽球锦标赛竞赛组委会及下设机构

主　　任：×××　×××

副 主 任：×××　×××

委　　员：×××　×××　×××　×××

　　　　　各代表队领队

办事机构

一、办公室

主　　任：×××　×××

副 主 任：×××

工作人员：×××　×××　×××

二、竞赛组

组　　长：×××　×××

副 组 长：×××　×××　×××

工作人员：×××　×××　×××　×××　×××

三、新闻宣传组

组　　长：×××

工作人员：×××　×××　×××　×××

四、场地器材设备组

组　　长：×××

副 组 长：×××　×××

工作人员：×××　×××　×××　×××

五、安全保卫组

组　　长：×××

副 组 长：×××

六、财务组

组　　长：×××

七、后勤组

组　　长：×××

副 组 长：×××　×××

工作人员：×××　×××　×××　×××　×××

八、信息技术组

组　　长：×××

工作人员：×××　×××　×××　×××

九、志愿者服务组

组　　长：×××

工作人员：×××　×××　×××　×××　×××

仲裁委员会及裁判员名单

仲裁委员会

×××　×××　×××

裁判组名单

裁 判 长：×××（国家级）

副裁判长：×××（国家级）　×××（国家级）

裁 判 员：×××（国家级）　×××（国家级）　×××（国家级）

×××（国家级）　×××（国家级）　×××（一级）

×××（一级）　×××（一级）　×××（一级）

×××（二级）　×××（二级）　×××（二级）

×××（二级）　×××（二级）　×××（二级）

×××（二级）　×××（二级）　×××（二级）
×××（二级）　×××（二级）　×××（二级）
×××（二级）　×××（二级）　×××（二级）

相关链接三　广东省第×届大学生毽球锦标赛竞赛指南

大会活动日程表

日期	内容		
	上午	下午	晚上
2008 年 5 月 23 日	各参赛队报到（10：00—15：00） 裁判员报到（11：00 开始）	各参赛队报到（10：00—15：00） 裁判员培训（14：30—15：30） 领队、教练员会议（15：30 开始）	机动
2008 年 5 月 24 日	第一阶段（9：00—12：00）	第二阶段（14：30—17：50）	机动
2008 年 5 月 25 日	决赛（9：00—11：30） 闭幕式（11：30—12：00）	离会	机动

领队、教练员会议流程

一、会议时间、地点

时间：2008 年 5 月 23 日 15：30

地点：广州大学体育学院会议室（广州大学行政东楼后座×××室）

二、参会人员

××× 广东省学生体育联合会常务副主席

××× 广州大学副校长

××× 广东省教育厅体艺卫处

××× 广州大学体育学院院长

裁判长和副裁判长

各参赛队领队、教练员

三、会议主持

×××

四、会议流程

（1）广州大学副校长×××致欢迎辞。

（2）省教厅体艺卫处×××发言。

（3）裁判长主持分组抽签仪式。

（4）裁判长就本次赛事的竞赛规则等相关事宜作说明。

（5）会议结束。

注：各参赛队入场前，竞赛组发放胸牌等相关材料。

闭幕式流程

一、时间

2008 年 5 月 25 日上午 11：30

二、地点

广州大学体育馆

三、参加人员

××× 广州大学副校长

××× 广东省学生体育联合会常务副主席

××× 广州大学体育学院院长

××× 广州大学体育学院党委书记

××× 广东省教育厅体卫艺处

××× 裁判长

全体裁判员

各参赛队领队、教练员、运动员

四、主持

×××

五、流程

(1) 介绍出席颁奖仪式的领导和嘉宾。

(2) 裁判长宣布比赛成绩。

(3) 颁奖开始。

(4) ×××致闭幕词。

(5) 比赛结束。

注：各参赛队须在颁奖仪式开始前10分钟到赛场的各自队名牌后列队站好。

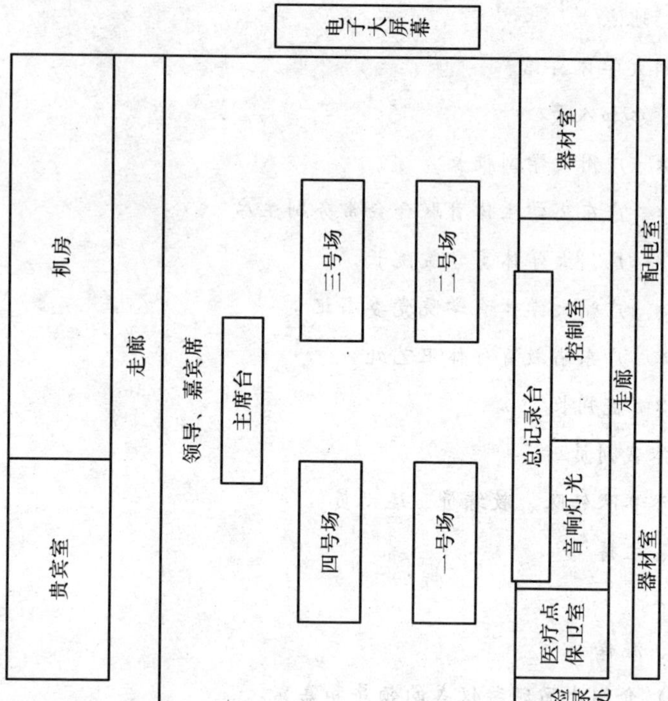

广州大学体育馆一楼平面示意图

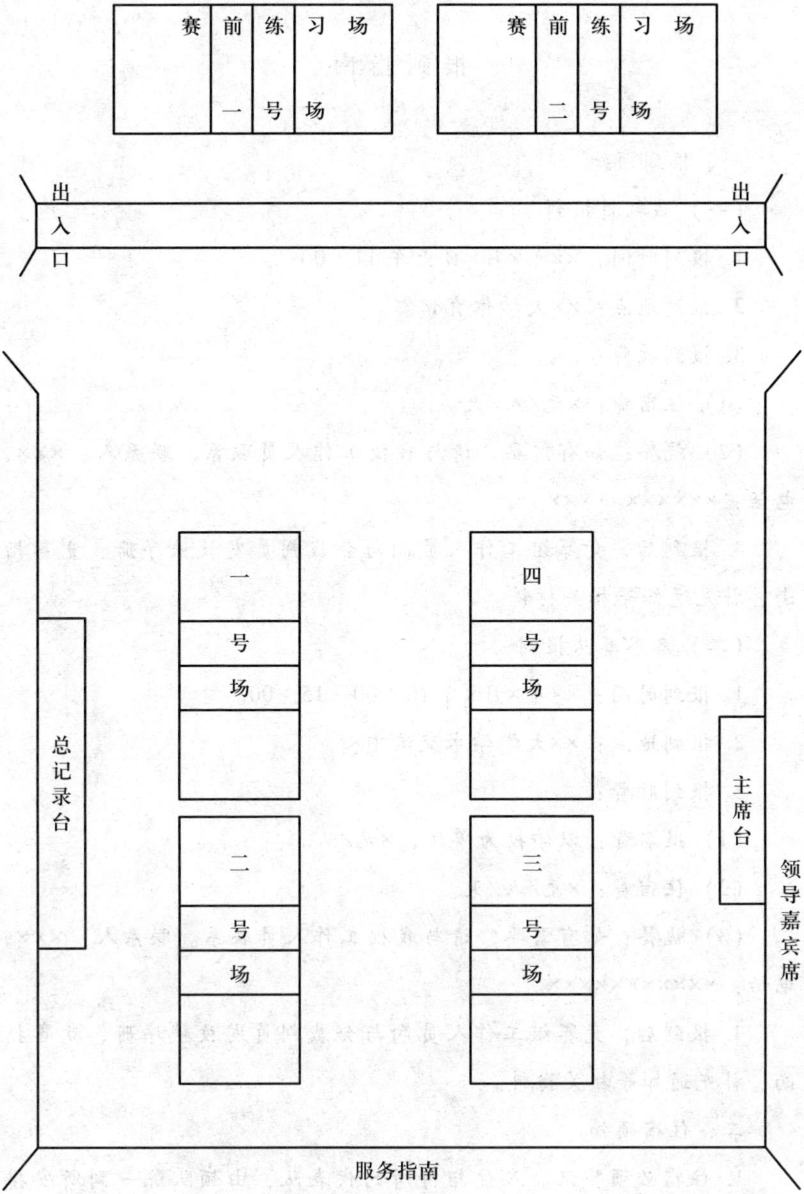
赛前练习场
一号场
赛前练习场
二号场
出入口
出入口
一号场
四号场
二号场
三号场
总记录台
主席台
领导嘉宾席
服务指南
比赛场地平面示意图

报到指南

一、报到须知

（一）裁判员报到

1. 报到时间：××年×月×日上午11：00。

2. 报到地点：××大学体育馆。

3. 报到收费：

（1）住宿费：×元/人/天。

（2）就餐：如有需要，请与我校工作人员联系。联系人：×××，电话：×××××××××××。

4. 报到后，竞赛组工作人员向与会裁判员发放秩序册、竞赛指南、补充通知等相关材料。

（二）各参赛队报到

1. 报到时间：××年×月×日10：00—15：00。

2. 报到地点：××大学学术交流中心。

3. 报到收费：

（1）报名费：以学校为单位，×元/队。

（2）住宿费：×元/人/天。

（3）就餐：如有需要，请与我校工作人员联系。联系人：×××，电话：×××××××××××。

4. 报到后，竞赛组工作人员向与会裁判员发放秩序册、竞赛指南、补充通知等相关材料。

二、住宿须知

1. 住宿必须登记。入住招待所的代表队，由领队统一到所安排住宿楼服务台登记。

2. 贵重物品、现金、证件等请自行妥善保管。

3. 房间水、电、锁、空调、电话机等设备有问题，请与所在楼层服务台联系。

4. 房间会客时间：8：00—12：00；14：30—23：30。

5. 节约用水，用完请随手拧紧水龙头；房间饮用纯净水的补给，直接与楼层服务台联系。

三、就餐须知

1. 各代表队根据人数到报到处领取餐券，餐票一经领取，不再退办。餐票不得转让，当餐有效，过期作废。

2. 就餐地点：×××楼。

四、医疗服务

1. 比赛现场设有医疗点。

2. 我校医务所实行全天24小时值班制，值班电话：×××-××××××××，急诊电话：×××-××××××××。

3. ××省×××城医院

电话：×××-××××××××。

附录一

毽球竞赛规则名词、术语释义

为了更好地普及毽球运动，我们对《毽球竞赛规则》中有些专业性较强的内容做了必要的解释，旨在达到通俗易懂，方便基层组织开展毽球竞赛活动的目的。在解释过程中，由于水平所限，解释存在不足之处，还有待毽球界同仁和读者批评赐教，衷心希望与广大从事毽球事业和爱好毽球运动的同志们一道为提高我国毽球运动水平做贡献。

1. 比赛控制区域：指围绕比赛场区和无障碍区的走廊，包含广告牌或挡板以外的空间。

2. 区：指比赛场地中（比赛场区和无障碍区）的不同部分，在规则中赋予特殊定义（或特殊限制）。区包括前场区、发球区、换人区、无障碍区、后场区。

3. 区域：指无障碍区以外部分地域，规则中赋予特殊功能。区域包括比赛控制区域、准备活动区域。

4. 网下空间：球网以下、地面以上、两根球柱之间的空间。

5. 过网区：球必须通过网区进入对方场区。过网区的界限是球网的上沿、两根标志杆及其延长线、天花板。

6. 延长空间：除过网区和网下空间之外的球网垂直空间。

7. 换人区：进行换人的那部分无障碍区。

8. 犯规：（1）违反规则的比赛行为，（2）违反规则的非比赛行为。

9. 摆弄球：球在手中或两手之间被倒动、旋转等（目的在于准备抛球或发球）。

10. 每球得分制：是每胜一球都得分的计分体系。

11. 局间：两局之间的时间，第三局（决胜局）交换场区不能算作局间。

12. 场外物体：比赛场地址之外或接近无障碍空间，并对球的飞行造成障碍的物体或人，如顶灯、裁判椅、电视设备、记分台、网柱等。场外物体不包括标志杆，标志杆是球网的一部分。

13. 球的统一性：在一次比赛中所用的球，其特性包括重量、高度、牌号、颜色等，都必须是统一的。

14. 进入比赛：经正裁判员允许，发球队员击球为进入比赛。

15. 比赛的中止：裁判员鸣哨即为比赛的中止。

16. 击球：比赛中队员与球的任何触及都视为击球。

17. 发球：后排 1 号位队员在发球区内将球击出而进入比赛的行动是发球。

18. 进攻性击球：除发球和拦网外，所有直接向对方的击球都是进攻性击球。

19. 完成进攻性击球：球的整体通过球网垂直平面或触及对方队员，则认为完成进攻性击球。

20. 拦网：队员靠近球网在高于球网处阻挡对方来球的行动为拦网。

21. 拦网试图：没有触及球的拦网行动为拦网试图。

22. 完成拦网：触及球的拦网行动为完成拦网。

23. 集体拦网：两名队员彼此靠近进行拦网为集体拦网，其中 1 人触球则为完成拦网。

24. 拦发球：接发球方在限制区内阻挡对方高于球网上沿的发球为拦发球。

25. 正常的比赛间断："暂停"和"换人"都属于正常的比赛间断。

26. 暂停：在裁判员的允许下，教练员请求或教练员缺席时场上队长请求的正常比赛间断。

27. 换人：在裁判员的允许下，一名队员离开比赛场地，而由另一名队员经记录员登记后占据其位置的行为称换人。

28. 延误比赛：一个队或一名队员拖延比赛继续进行的不当行为

为延误比赛。

29. 受伤：指比赛中出现严重伤害事故。

30. 外因造成的比赛中断：指比赛中出现的任何外界干扰。

31. 非技术性犯规：指球队成员对裁判员，而且对其他工作人员、对方、本方以及观众造成不良影响的行为。

32. 判罚牌：根据不良行为的判罚等级的亮牌，有红牌、黄牌。

33. 消极比赛：指比赛双方搞交易，打假球，预谋比赛胜负，有意串通改变比赛名次的行为。

附录二

毽球比赛中常用临场英语用语

Before Entering the Match Area　进场前

Are you No. 25 from China?　你是中国队的25号运动员吗?

What is your name?　你叫什么名字?

Captain, come and toss, please.　队长，请来。

Which side do you prefer, red or blue (black, white, yellow)?　你要哪一边，红的还是蓝的（黑、白、黄)?

You are right.　你猜中了。

Which one do you prefer, A, B, C or X, Y, Z?　你要A, B, C还是X, Y, Z?

Fill in the list, please.　请填写排名表。

Hand me the list, please.　请把排名表交给我。

Take a look at the list of your opponent.　请核对一下对方的排名表。

Which one is your choice?　你选择什么?

Serving or receiving?　发球还是接发球?

This end or that end?　这边还是那边?

What is your number?　你的号码是多少?

You should wear shorts.　你应该穿短衣短裤。

Players of the same team you should be dressed uniformly.　同队服装应一致。

The color of your clothing should be different colors.　你们双方队服的颜色应不同。

Please choose two match balls.　请挑选两只比赛用球。

Is this one, OK?　这一只你同意吗?

Follow me, please, You go behind him.　请跟我入场，你走在他后面。

Take care of the towel, please.　请带好你的毛巾。

Before beginning to play,　比赛开始前。

Practice for two minutes.　练习两分钟。

Stop practicing.　停止练习。

Who will be serving first?　谁先发球?

Who will be receiving first?　谁先接发球?

First game, X to serve, 0 veal 0　第一局比赛，X 发球，0∶0

Expedite system begins now.　现在开始实行轮换发球法。

During the match　比赛进程中

Fault　犯规

Let　暂停、重发球

Net　擦网

Side　侧面

Stop　停

Time　时间到

One point　一分

The palm was not flat.　手掌未伸平。

Not stationary.　未禁止。

Not near vertical.　未近乎垂直。

Less than 16cm.　低于 16 厘米。

Inside the end line.　端线内发球。

Beyond the farthest back.　超过最远点。

Edge ball　擦边球

The ball was below the playing surface.　球低于台面。

Obstruction　阻挡

Touched net　触网

Hand on table　手扶台面

Table move to　台面移动

Double hit　连击

Double bounce　两跳

Outside　出界

Wrong player　发（接）球失误

Penalize one point.　处罚一分。

Net service　发球擦网

Not really　未准备好

Intrusion of a ball　外界球进入场地

Broken ball　球破裂

Wrong order　次序错误

Wrong ends　方位错误

Wrong score　比分错误

Correct a mistake　纠正错误

Accident　意外错误

Expedite system　轮换发球法

Warning　警告

Do not give advice.　请勿指导。

Not toweling.　请勿擦汗。

No longer breaks.　不能再休息了。

Continue playing.　继续比赛。

Do not leave the playing area.　请不要离开赛区。

Stop the offending behavior!　停止你的冒犯行为!

Do not delay the game.　不要拖延比赛。

Do not use the toxic glues.　不能使用液体胶水。

Just a moment, I report to the referee.　请等一下，我去报告裁判长。

After the match ends.　比赛结束时。

Sign your name, please.　请你签名。

Here your are, the details of the match.　给你一份记分表。

附录三

毽球比赛常用表格

各代表队人数统计表

序号	队名	领队教练	成年组		青年组		少年组		儿童组		平推组		双人赛		合计
			男子	女子	男子	女子	男子	女子	男子	女子	男子	女子	男子	女子	
1															
2															
3															
4															
5															
6															
7															
8															
9															
10															
11															
12															

续表

序号	队名	领队教练	成年组		青年组		少年组		儿童组		平推组		双人赛		合计
			男子	女子	男子	女子	男子	女子	男子	女子	男子	女子	男子	女子	
13															
14															
15															
合计															

运动员适应场地训练表

场地 时间			1号 场地	2号 场地	3号 场地	4号 场地	5号 场地	6号 场地
月 日	下午	14：30—15：10						
		15：10—15：50						
		15：50—16：30						
		16：30—17：30						

毽球单人比赛记分表

比赛名称________________ 日期__________

__________队对__________队　（男、女）组别__________　场地__________

第一局		开始时间		时	分							结束时间		时	分		
姓名：									姓名：								
0	1	2	3	4	5	6	7	暂停	0	1	2	3	4	5	6	7	暂停
	8	9	10	11	12	13	14			8	9	10	11	12	13	14	
	15	16	17	18	19	20	21			15	16	17	18	19	20	21	
第二局		开始时间		时	分							结束时间		时	分		
姓名：									姓名：								
0	1	2	3	4	5	6	7	暂停	0	1	2	3	4	5	6	7	暂停
	8	9	10	11	12	13	14			8	9	10	11	12	13	14	
	15	16	17	18	19	20	21			15	16	17	18	19	20	21	

续表

<table>
<tr><td colspan="21">第三局　　开始时间　　时　　分　　　　　　结束时间　　时　　分</td></tr>
<tr><td colspan="4">姓名：</td><td colspan="9">姓名：</td><td colspan="8">姓名：</td></tr>
<tr><td>0</td><td>1</td><td>2</td><td>暂停</td><td>0</td><td>1</td><td>2</td><td>3</td><td>4</td><td>5</td><td>6</td><td>7</td><td>暂停</td><td>1</td><td>2</td><td>3</td><td>4</td><td>5</td><td>6</td><td>7</td><td>暂停</td></tr>
<tr><td>3</td><td>4</td><td>5</td><td></td><td rowspan="2"></td><td>8</td><td>9</td><td>10</td><td>11</td><td>12</td><td>13</td><td>14</td><td></td><td>8</td><td>9</td><td>10</td><td>11</td><td>12</td><td>13</td><td>14</td><td></td></tr>
<tr><td>6</td><td>7</td><td>8</td><td></td><td>15</td><td>16</td><td>17</td><td>18</td><td>19</td><td>20</td><td>21</td><td></td><td>15</td><td>16</td><td>17</td><td>18</td><td>19</td><td>20</td><td>21</td><td></td></tr>
<tr><td colspan="11">竞赛成绩</td><td colspan="10">裁判员签字</td></tr>
<tr><td colspan="3">姓名</td><td colspan="4"></td><td colspan="4"></td><td colspan="3">主裁判员</td><td colspan="7"></td></tr>
<tr><td colspan="3">第一局</td><td colspan="4"></td><td colspan="4"></td><td colspan="3">副裁判员</td><td colspan="7"></td></tr>
<tr><td colspan="3">第二局</td><td colspan="4"></td><td colspan="4"></td><td colspan="3" rowspan="2">司线员</td><td colspan="7"></td></tr>
<tr><td colspan="3">第三局</td><td colspan="4"></td><td colspan="4"></td><td colspan="7"></td></tr>
<tr><td colspan="3">总成绩</td><td colspan="4"></td><td colspan="4"></td><td colspan="3">记录员</td><td colspan="7"></td></tr>
<tr><td colspan="3">获胜队</td><td colspan="18"></td></tr>
<tr><td colspan="21">胜方运动员签字：　　　　　　　　　　负方运动员签字：</td></tr>
<tr><td colspan="21">比赛全部时间　　　　　　时　　　　分</td></tr>
<tr><td colspan="3">备注</td><td colspan="18"></td></tr>
</table>

毽球双人比赛记分表

比赛名称________________________　　　　日期__________

__________队对__________队　　　　（男、女、混双）组别__________　　　　场地__________

第一局		开始时间		时		分								结束时间		时		分					
位次	号码	队							1 2 3 4 5 6 7	8 9 10 11 12 13 14	15 16 17 18 19 20 21	位次	号码	队							1 2 3 4 5 6 7	8 9 10 11 12 13 14	15 16 17 18 19 20 21
		1	2	3	4	5	6							1	2	3	4	5	6				
1												1											
2												2											

第二局		开始时间		时		分								结束时间		时		分					
位次	号码	队							1 2 3 4 5 6 7	8 9 10 11 12 13 14	15 16 17 18 19 20 21	位次	号码	队							1 2 3 4 5 6 7	8 9 10 11 12 13 14	15 16 17 18 19 20 21
		1	2	3	4	5	6							1	2	3	4	5	6				
1												1											
2												2											

续表

第三局	开始时间　　时　　分	结束时间　　时　　分

位次	号码	队 1	2	3		1 2 3 4 5 6 7 8
1						
2						

位次	号码	队 1	2	3	4	5	6	1 2 3 4 5 6 7	8 9 10 11 12 13 14	15 16 17 18 19 20 21
1										
2										

位次	号码	队					1 2 3 4 5 6 7	8 9 10 11 12 13 14	15 16 17 18 19 20 21
1									
2									

竞赛成绩			裁判员签字		队名：		队名：	
队名			主裁判员		号码	姓名	号码	姓名
第一局			副裁判员					
第二局			司线员					
第三局					队长或教练员：		队长或教练员：	
总成绩			记录员		比赛全部时间　　时　　分			
获胜队：								
备注								

毽球三人赛记分表

________队对________队 （男、女）组别：________ 比赛名称：________ 时间：________ 场地：________

第一局		开始时间			时		分										结束时间			时		分					
位次	号码		队								1	11	21	位次	号码		队								1	11	21
											2	12	22												2	12	22
			1	2	3	4	5	6	7		3	13	23				1	2	3	4	5	6	7		3	13	23
											4	14	24												4	14	24
1											5	15	25	1											5	15	25
											6	16	26												6	16	26
											7	17	27												7	17	27
											8	18	28												8	18	28
2											9	19	29	2											9	19	29
											10	20													10	20	
3														3													

续表

第二局	开始时间	时	分														结束时间	时	分						
位次	号码	队								1	11	21	位次	号码	队								1	11	21
										2	12	22											2	12	22
		1	2	3	4	5	6	7		3	13	23			1	2	3	4	5	6	7		3	13	23
1										4	14	24	1										4	14	24
										5	15	25											5	15	25
										6	16	26											6	16	26
										7	17	27											7	17	27
2										8	18	28	2										8	18	28
										9	19	29											9	19	29
										10	20												10	20	
3													3												

续表

第三局 开始时间 时 分																结束时间 时 分											
位次	号码		队			1	号码		队						1	11	21	号码		队				1	11	21
						2									2	12	22							2	12	22
			1	2	3	3			1	2	3	4	5	6	3	13	23							3	13	23
1						4									4	14	24							4	14	24
						5									5	15	25							5	15	25
						6									6	16	26							6	16	26
						7									7	17	27							7	17	27
2						8									8	18	28							8	18	28
						9									9	19	29							9	19	29
						10									10	20								10	20	
3																										

续表

竞赛成绩			裁判员签字		队名：		队名：	
队名			主裁判员		号码	姓名	号码	姓名
第一局			副裁判员					
第二局			司线员					
第三局								
总成绩			记录员					
			记分员					
比赛全部时间　　　时　　　分					队长或教练员：		队长或教练员：	
备注								

全国毽球首场比赛裁判员执场安排表

日期	场地	组别	比赛队	裁判员					
				正裁判员	省市	等级	副裁判员	省市	等级
月 日	一号								
	二号								
	三号								
	四号								
	五号								
	六号								

省毽球比赛临场裁判员执场安排表

场地	组别	参加比赛队	市	正裁判员	级别	副裁判员	级别
1							
2							
3							
4							
5							
6							

______年______月______日

市毽球比赛临场裁判员执场安排表

场地	组别	参加比赛队	市	正裁判员	级别	副裁判员	级别
1							
2							
3							
4							
5							
6							

________年________月________日

毽球比赛裁判员执场安排表

组别	时间	比赛队	裁判员		司线员	记录员	记分员
			正	副			
月							
日							

续表

组别	时间	比赛队	裁判员		司线员	记录员	记分员
			正	副			
月　日							

毽球比赛得失分统计

比赛名称：__________　　地点：__________

日期：__________　　项目：__________

第　　局

<table>
<tr><td>队名</td><td colspan="9"></td><td>队名</td><td colspan="5"></td></tr>
<tr><td rowspan="3">项目
队员
号码</td><td rowspan="3">发球</td><td rowspan="3">一攻</td><td rowspan="3">拦网</td><td rowspan="3">防反</td><td colspan="5">对方失误</td><td>项目
队员
号码</td><td>发球</td><td>一攻</td><td>拦网</td><td>防反</td><td>对方
失误</td></tr>
<tr><td rowspan="2">发</td><td rowspan="2">接</td><td rowspan="2">扣</td><td colspan="2">拦</td><td></td><td></td><td></td><td></td><td></td><td></td></tr>
<tr><td>触身体</td><td>触网</td><td></td><td></td><td></td><td></td><td></td><td></td></tr>
<tr><td></td><td></td><td></td><td></td><td></td><td colspan="5"></td><td></td><td></td><td></td><td></td><td></td><td></td></tr>
<tr><td></td><td></td><td></td><td></td><td></td><td colspan="5"></td><td></td><td></td><td></td><td></td><td></td><td></td></tr>
<tr><td></td><td></td><td></td><td></td><td></td><td colspan="5"></td><td></td><td></td><td></td><td></td><td></td><td></td></tr>
<tr><td></td><td></td><td></td><td></td><td></td><td colspan="5"></td><td></td><td></td><td></td><td></td><td></td><td></td></tr>
<tr><td></td><td></td><td></td><td></td><td></td><td colspan="5"></td><td></td><td></td><td></td><td></td><td></td><td></td></tr>
<tr><td>小计</td><td></td><td></td><td></td><td></td><td colspan="5"></td><td>小计</td><td></td><td></td><td></td><td></td><td></td></tr>
<tr><td>总计</td><td colspan="9"></td><td>总计</td><td colspan="5"></td></tr>
</table>

毽球双人赛位置表

第　　局位置表

队名：________________

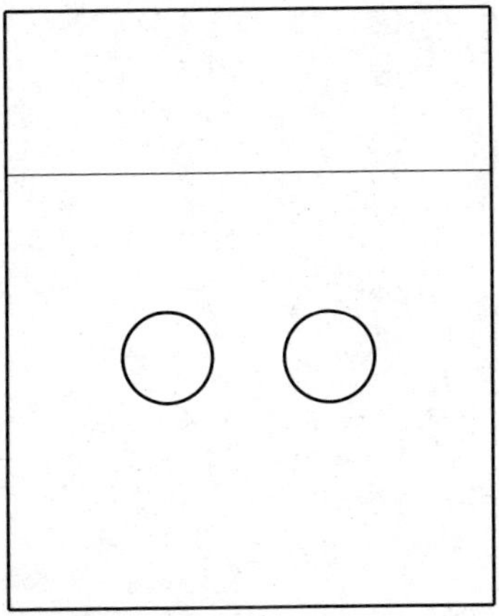

教练员：________________

第　　局位置表

队名：________________

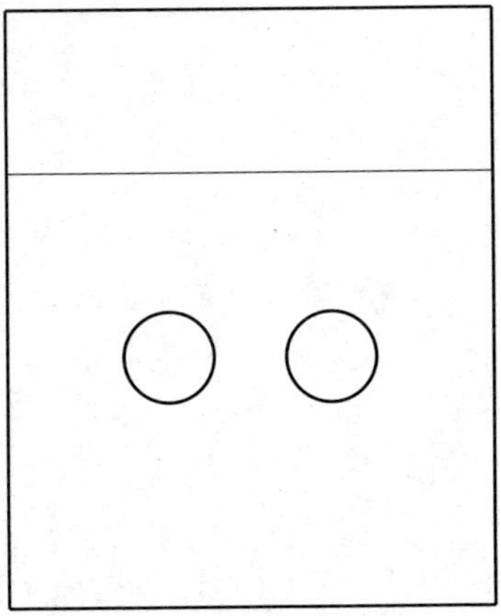

教练员：________________

第　　局位置表

队名：________________

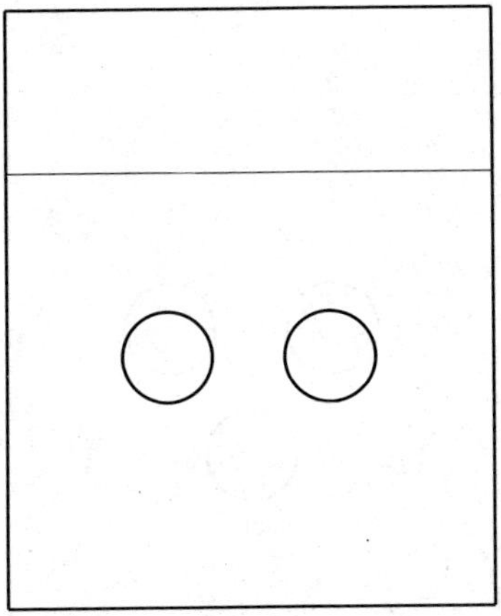

教练员：________________

第　　局位置表

队名：________________

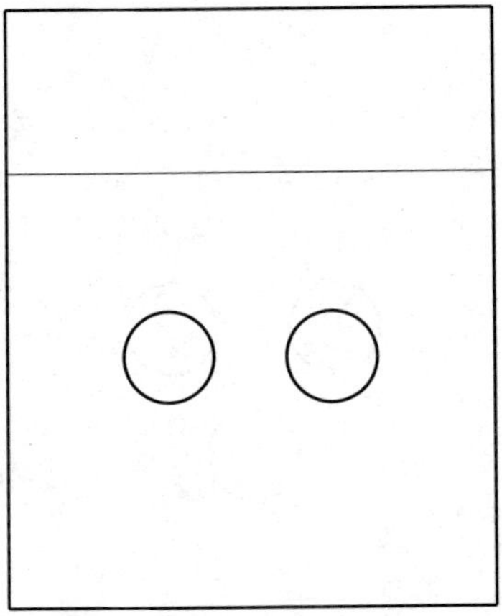

教练员：________________

毽球三人赛位置表

第　　局位置表

队名：________________

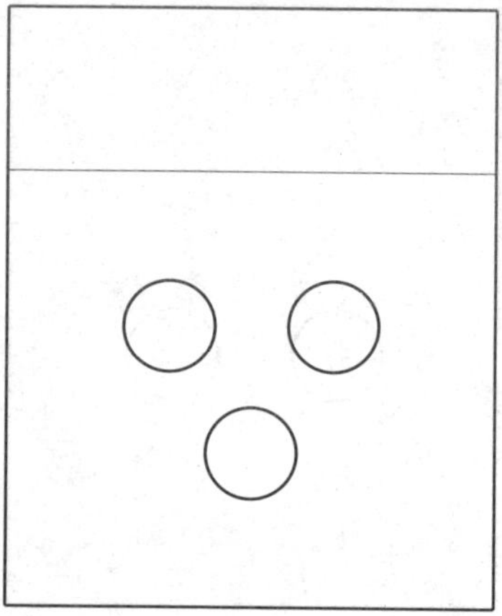

教练员：________________

第　　局位置表

队名：________________

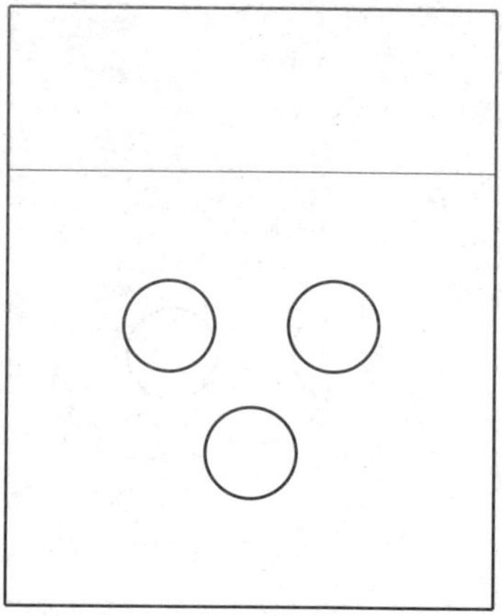

教练员：________________

第　　局位置表

队名：________________

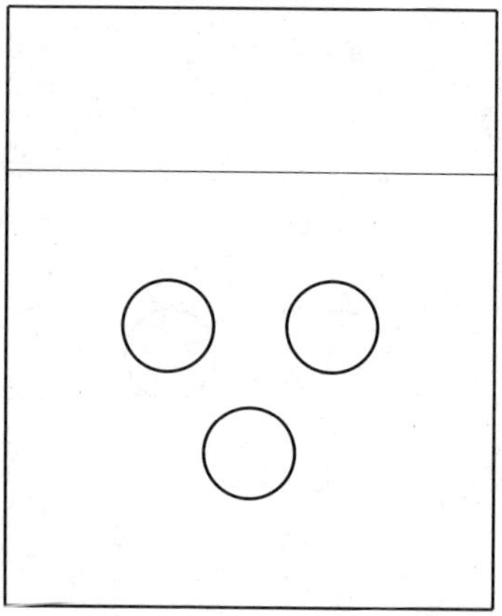

教练员：________________

第　　局位置表

队名：________________

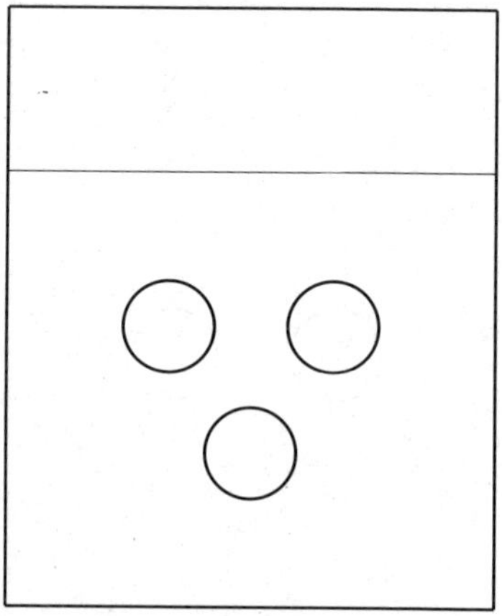

教练员：________________

竞赛成绩报告单

________队________队　比赛名称________________

时间________　场地________　组别________

比赛结果________：________　获胜队：________

胜方签字：________　负方签字：________

记录员：________　正裁判员：________

裁判长：________

竞赛成绩报告单

________队________队　比赛名称________________

时间________　场地________　组别________

比赛结果________：________　获胜队：________

胜方签字：________　负方签字：________

记录员：________　正裁判员：________

裁判长：________

主要参考文献

[1] 张军，龙明. 毽球运动 [M]. 北京：高等教育出版社，2008.
[2] 国家体育总局社会体育指导中心. 毽球竞赛规则 [M]. 北京：高等教育出版社，2012.
[3] 何波，徐润基. 实用毽球运动指南 [M]. 广州：广东高等教育出版社，2015.